홀로서기 심리학

MASTERING ADULTHOOD

이제는 흔들리지 않고 삶의 중심을 잡고 싶다면

홀로서기 심리학

라라 E. 필딩 지음 | 이지민 옮김

메이븐
MAVEN

추천의 말

Recommendation

어른이 된다는 것은 더 훌륭하거나 그럴듯한 내가 되는 것이 아니다. 어떤 상황에서도 태도를 뜻대로 조절할 수 있는 성숙한 능력을 갖추는 일이다. 그런 의미에서 이 책은 나를 대하는 태도, 타인을 대하는 태도, 세상을 대하는 태도를 완전히 바꿔 놓을 것이다. 그것은 아무것도 바꾸지 않은 채 모든 것이 바뀌는 삶의 대전환점이 될 것이라고 확신한다.

- 블레이즈 아기레 박사 (하버드 의과대학 정신과 부교수)

타인에게 지나치게 기대거나 기분에 휘둘리는 등 고질적인 심리 문제를 고치고 싶지만 늘 실패하던 사람들에게 자신 있게 추천한다. 심리적인 문제에 대한 천편일률적인 해결책은 없다. 각자 자신에게 알맞은 방법을 찾아야 한다. 이 책은 그 방법을 가장 설득력 있게, 효과적으로 제시한다. 그녀의 상담소에 갈 수 없다면 이 책이라도 반드시 읽을 것.

- 스티븐 C. 헤이스 박사 (네바다 대학교 심리학과 교수)

누구나 한 번은 지독히 겪고 넘어가야 하는 성장통이 바로 홀로서기다. 피하려야 피할 수 없는 홀로서기에 대해 이 책만큼 단단하게 쓰인 책을 본 적이 없다. 탄탄한 지식, 구체적인 사례, 실질적인 조언이 모두 담겨 있다. 딱 한 권의 심리학 책을 읽어야 한다면 단연코 이것이다.

- 데니스 터치 박사 (웨일 코넬 의과대학 임상조교수)

나는 꽤나 까다로운 사람이다. 그런 내가 고객과의 상담 시간에 이 책에서 제안하는 방법을 사용하기 시작했다. 이유는 하나다. 정말로 효과가 있기 때문이다.

대부분의 심리적인 문제는 홀로 서지 못하는 데서 발생한다. 이 책은 자기 자신을 탐구하여 스스로가 더 좋아지도록 만든다. 완벽주의, 자기 비난, 지나친 인정 욕구로 지친 사람들이라면 특히 읽어야 할 홀로서기 교과서다.

심리학의 주요 주제인 의존과 독립의 문제를 밀레니얼 세대의 생생한 말투로 풀어낸 보기 드문 책.

필딩 박사는 불확실성의 시대를 헤쳐 나가는 가장 강력한 무기를 선사한다. 바로 자기 확신과 믿음, 즉 홀로서기라는 무기를.

15년간 상담하며 발견한
삶의 중심이 단단한 사람들의 비밀

처음으로 '어른이란 저런 사람이구나'를 느끼게 해 준 이가 있습니다. 그녀는 어릴 때 이웃에 살던 아주머니였는데, 남편과 사별 후 홀로 아들을 키웠고 그 아들이 독립한 이후로는 죽 혼자 살고 있었지요. 저는 그 집을 제집처럼 들락날락했습니다. 아홉 살 여자아이의 맥락 없는 이야기에 귀 기울이는 어른은 없습니다만, 그녀만은 예외였습니다. 그 집은 평화로웠고, 그녀는 관대하고 침착했으며 무엇보다 유머가 넘쳤습니다.

지금 생각해 보면 놀랍습니다. 그녀는 중학교밖에 나오지 못했고, 일찍이 남편을 잃어 경제적으로 궁핍했으며, 사는 내내 몸을 쓰는 노동으로 돈을 벌어야만 했으니까요. 그래도 그녀의 삶에 어두운 기색은 없었습니다. 웬만한 어려움도 강철 같은 그녀를 뚫을 순 없을 것 같았지요. 저는 그녀의 강인함과 따뜻함이 좋았습니다. 어른이 되면 누구나 그렇게 된다고 믿었지요.

하지만 막상 나이가 들수록 그런 어른과는 점점 거리가 멀어지는 제 모습을 발견했습니다. 그녀보다 공부도 많이 하고, 믿을 만한 부모도 있고, 친구도 많고, 경제적으로 넉넉했음에도 한결같이 저는 모든 게 못마땅했습니다. 외모도 그럭저럭, 성격도 별로인 데다가 능력은 더 별로인 내가 싫었고, 제멋대로 구는 사람들이 미웠고, 불공평한 세상이 불만스러웠습니다. 스스로를 믿지 못하고 싫어하니 다른 사람을 품어 줄 여유가 있을 리 만무합니다. 말과 행동은 늘 뾰족했고, 마음은 강퍅하기 그지없었습니다.

그렇다고 괜찮은 어른이 되기 위해 노력하지 않은 건 아닙니다. 더 나은 내가 되겠다고 스스로 다그치기 일쑤고, 다른 사람의 말과 행동을 분석하면서 잘잘못을 가리고, 세상은 이렇게 되어야 옳다며 목소리를 높이곤 했습니다. 하지만 이상하게도, 애쓸수록 행복은 멀어지고 마음에 들지 않는 일들은 점점 더 늘어나는 느낌이었습니다. 도대체 뭐가 잘못된 걸까요? 어디서부터 꼬인 걸까요?

서른 살이 넘어 대학에 들어가 심리학 공부를 하면서, 저와 그녀 사이의 차이점을 깨닫게 되었습니다. 저는 나와 타인과 세상을 내 뜻대로 움직일 수 있다는 오만한 생각으로 살았습니다. 예상치 못한 일을 받아들이지 못했고, 문제가 생기면 원인을 찾는 데 골몰했습니다. 그 결과는 주로 내 탓이거나 남 탓이거나 세상 탓이었습니다. 마음이 편안해질 리가 없었지요. 삶은 늘 전쟁터 같았고, 나를 지키기 위해 창을 들고 선 보초병처럼 저는 항상 긴장돼 있었습니다.

반면 그녀는 세상이 내 뜻대로 돌아가지 않는다는 그 명백한 사실을 있는 그대로 받아들였습니다. 불운이 닥쳐도 오래 마음 쓰지 않았고, 벌어진 일을 해결하는 데만 집중했으며, 그 일이 지나가면 금방 잊었습니다. 그녀는 자력으로 해결할 수 있는 일과 해결할 수 없는 일을 구분하는 데 뛰어난 능력을 보였습니다. 그것이 그녀가 예기치 않은 시련 앞에서도 크게 휘청이지 않고 늘 평정심을 유지할 수 있었던 비결이었습니다. 그런 모습이 어린 제 눈에는 '어른스러움'으로 비쳤던 것이겠지요.

15년 동안 심리 상담을 해 오면서, 대학에서 학생들을 지도하면서, 과거의 저처럼 마음대로 되지 않는 세상과 싸우느라 날이 선 사람들을 주로 만났습니다. 뜻대로 되지 않는 배우자와 자녀 혹은 애인 때문에 힘들어하는 사람들, 과거에 깊은 상처를 준 사건을 아직도 생생히 품고 사는 사람들, 외로움을 견디지 못해 아무에게나 기대려는 사람들, 반대로 누구에게도 기대지 않겠다며 마음의 빗장을 꽁꽁 걸어 잠근 사람들…. 이들은 타인과 세상을 믿지 못해 힘들어했지만 그중에서도 가장 믿지 못했던 것은 단연 자기 자신이었습니다. 더 능력 있고, 더 사랑스러운 존재였더라면 삶이 완전히 달라졌을 거라고 믿었습니다. 그리고 그러지 못한 자신에게 습관적으로 비난의 화살을 쏘아대곤 했지요.

그러나 '내가 달라지면 사람들이 나를 대하는 태도도 달라질 것이고, 일도 마음대로 술술 풀릴 텐데'라는 생각은 그야말로 환상에 불과합니다. 모든 일을 자기 뜻대로 이룰 수 있다는 오만함에 불과하며, 과거의 저를 반복적인 괴로움에 빠뜨렸던 착각입니다. 한 사람에게는 타인을, 세상을, 심지어 자기 자신의 일부조차도 뜻대로 바꿀 수 있는 능력이 없습니다. 그런데도 '네가 바뀌면, 세상이 바뀌면, 내가 달라지면 행복해질 텐데'라는 믿음으로 삶의 주도권을 자꾸만 외부에 떠넘기면, 인생은 끊임없이 흔들릴 수밖에 없습니다. 뜻대로 되지 않는 일들을 탓하느라 마음은 좀체 조용할 날이 없을 테고요.

자기 힘으로 어쩔 수 없는 일과 자기가 정말 통제할 수 있는 일을 구분하는 능력은 심리적 어른 되기의 핵심입니다. 타인과 세상 그리고 지난 과거는 통제 불가능한 일들입니다. 반면 세상을 받아들이고 행동을 결정하는 내 마음만은 통제하에 있습니다. 그 마음을 잘 읽고, 다스릴 줄 아는 것. 그것이야말로 우리가 할 수 있는 일의 전부이며, 인생을 의지대로 이끌어 가기 위한 유일한 방법입니다. 그래서 마음을 잘 다루는 사람은 웬만한 시련 앞에서도 흔들리지 않습니다. 폭풍이 몰아쳐도 끝내 부러지지 않는 뿌리 깊은 나무처럼 단단하게 홀로 설 수 있습니다.

저는 마음을 들여다보는 힘과 기술을 '마음챙김'을 통해 배웠습니다. 특히 목표를 향해 달려가야 하는 청년들이 습관적인 감정 기복 문제로 발목이 잡힐 때, 마음챙김을 일상에 적용할 수 있도록 개발한 프로그램을 바탕으로 이 책을 썼습니다. 그러나 마음챙김을 본격적으로 드러내지는 않았습니다. 살면서 맞닥뜨릴 수밖에 없는 의존성 문제를 마음챙김의 시각에서 살펴봄으로써, 비교적 쉽게 자기 마음에 접근할 수 있도록 하는 것이 이 책의 목표입니다.

1부에서는 우리가 의존하는 대표적인 것들을 알아봅니다. 홀로서기의 개념과 더불어 타인의 평판, 들쑥날쑥한 감정, 과거의 상처, 습관적인 자기 비난 등에 기대는 이유와 대처법을 정리했습니다. 2부에서는 감정 기복 문제를 중점적으로 다루었습니다. 기분 내키는 대로 행동하고 후회하는 일이 없도록 감정의 패턴을 확인하고 그것을 잘 다스리는 법을 담았습니다. 3부에서는 관계 속에서 홀로 서는 구체적인 방법을 정리했습니다. 홀로 설 수 있는 사람이 될 때 저절로 인간관계가 좋아지고 삶이 부드러워지는 이유를 살펴볼 수 있을 것입니다. 마지막으로 4부는 마음챙김의 의미와 구체적인 실천법을 담았습니다. 부족하지만, 마음챙김 엿보기 정도는 되기를 바랍니다.

우리가 사는 시대를 생각해 봅니다. 사람들은 더 풍요롭고 자유롭고 똑똑해졌는데, 어떻게 살아야 할지는 더욱 모르겠다고 말합니다. 그럴수록 답을 바깥에서 찾으려고 하면 혼란스러워질 뿐입니다. 내가 누구이고, 무엇을 원하며, 어떻게 살고 싶은지에 집중하길 바랍니다. 나를 잘 알고 믿고 좋아할수록 인생이 수월해집니다. 삶의 중심이 단단하면 타인과 세상을 편안한 마음으로 대할 수 있습니다. 우리가 믿고 따르던 어른이 바로 이렇게 포용력 있는 사람들이 아니던가요. 그런 어른의 삶을 살아갈 수 있기를 진심으로 응원합니다.

라라 E. 필딩

Contents

Part 2 하루에도 몇 번씩 바뀌는 기분에
휘둘리지 않으려면
: 감정 편

Part 4 나에게 너그러워지고,
타인에게 부드러워지며,
삶은 편안해지는 홀로서기 심리학
: 세상 편

Part 1

나는 왜 사소한 일에도 쉽게 흔들리는가?

: 자아 편

1

내가 사람들에게
홀로서기를 권하는 이유

작년 가을 어느 날, 친구와 저는 낙엽이 진 공원 벤치에 앉아 친구의 세 살 난 아이가 뛰노는 모습을 지켜보고 있었습니다. 아이는 거칠 것 없이 자유로워 보였고, 행복해 보였습니다. 한껏 세상을 탐험하는 아이의 모습을 지켜보던 저는 친구에게 물었습니다. 아이가 어떤 어른으로 자라길 바라느냐고요. 곰곰이 생각하던 친구가 대답했습니다.

"음, 성공하면 좋겠지. 사랑받으면 좋겠고. 하지만 그것보다 쉽게 흔들리거나 무너지지 않는 사람이 되면 좋겠어. 독립적인 어른이 된다면 엄마로서 내 일은 끝이라고 생각해."

독립. 우리가 흔히 이야기하는 어른의 조건입니다. 경제적으로, 심리적으로 홀로 설 수 있을 때 우리는 그를 온전한 성인으로 인정합니다. 또 그런 사람으로 자라기 위해 노력하고요. 독립을 어른으로 성장하기 위해 당연히 거쳐야 하는 필수 과제로 여기지요.

하지만 임상 심리학자로서는 홀로서기가 말처럼 쉽지 않은 과제임을 자주 깨닫게 됩니다. 나이가 찼다고 해서, 경제적으로 풍요롭다고 해서, 심리적으로 독립적인 사람인 것은 아닙니다. 겉으로는 일도 잘하고, 회사 생활도 원만하고, 대인 관계도 좋아 보이는 등 멀쩡해 보이는 사람도 그 속을 들여다보면 전부 힘들고 외롭다고 말합니다. 홀로 설 수 없어서 흔들리는 마음을 자꾸만 어딘가에 기대려고 합니다. 하지만 그런 의존성 때문에 일상은 더욱 괴로워지고 말지요.

당신을 힘들게
만드는 것은 무엇입니까?

사람들은 여러 가지에 마음을 기댑니다. 술과 게임, 도박, 때로는 마약에 기대어 삶을 구렁텅이로 몰아넣는 사람도 있지만, 지극히 일부입니다. 그보다는 타인에 기대는 사람이 훨씬

많습니다.

누가 보더라도 지나치게 의존적인 사람들은 혼자 있는 것을 지독히 싫어하고 끊임없이 곁에 있을 만한 누군가를 찾습니다. "네가 없으면 안 돼, 나는 더 이상 살 수 없어"라고 말하다가도 그가 떠나면 곧장 다른 연인을 만나는 경우가 여기에 해당하지요.

이와 반대인 사람들도 있습니다. 상대를 자기 뜻대로 움직여야 직성이 풀리는 경우입니다. 부모가 아이를 대할 때 자주 발견되는 태도인데, 그들은 "저는 괜찮아요. 아이만 행복하면 돼요"라고 말합니다. 하지만 잘 들여다보면 부모가 아이에게 더 기대고 있는 상태입니다. 아이의 일거수일투족에 자신의 행복이 달려 있기 때문입니다.

타인의 시선이나 평가에 지나치게 예민한 사람들도 많습니다. 그들은 자기에 대한 가치를 남들이 평가한다고 느낍니다. 사람들이 칭찬해 주면 하늘을 나는 듯 기쁘지만, 누군가가 그보다 낮게 평가하면 절벽에서 추락하는 심정이 됩니다. 자기 가치가 남들에게 달려 있기 때문에 자존감도 롤러코스터를 탄 것처럼 자꾸만 오르락내리락합니다. 그에 따라 기분과 행동도 오락가락하지요.

누구보다 독립적인 사람처럼 보이는데, 알고 보면 그렇지 않은 경우도 많습니다. 대표적으로 일을 너무 열심히 하는 사람들입니다. 겉으로는 흔들림 없는 뚝심으로 일을 밀어붙여서 뛰어난 성과를 내기 때문에 그들에게 나약한 의존성 따위는 없어 보입니다. 그러나 그들의 내면에는 너무 높은 자아상이 자리 잡고 있습니다. 그들은 끊임없이 자기에게 속삭입니다.

'나는 잘돼야만 해.'

'실패하면 나는 무가치해질 거야.'

'이것밖에 못 하다니, 실망이야.'

아닌 것 같아도 실은 완벽한 자기 이미지에 기대어 살아가는 상태이기 때문에, 그들은 현실의 자신을 비난하고 다그치는 데 익숙합니다. 완벽주의적인 성향도 강하지요.

"당신만 달라지면 내가 정말 행복해질 텐데…."

"내가 이 모양인데 사람들이 날 좋아해 줄 리가 없지…."

"일이 잘 풀려야 내가 더 인정받을 텐데…."

흔들리는 마음을 자꾸만 무언가에 기대는 사람들에겐 한 가지 공통점이 있습니다. 그들은 자신을 행복하게 하는 힘이 바깥에 있다고 생각합니다. 나는 뭔가 부족하고 결핍된 존재이며, 그 결핍을 타인이나 세상이 채워 줄 수 있다고 여깁니다. 그래서 인정받으려고 지나치게 노력하고, 일에 매달려 자신을 혹사하거나, 자기 힘으로 부족할 땐 다른 사람까지 끌어들입

니다. 성공한 배우자를 곁에 두려고 하고, 능력 있는 자식으로 키워서 자기 가치를 인정받으려는 것이지요.

이런 노력이 성공 가도를 달리면 큰 문제가 없지만, 뜻대로 되지 않을 땐 삶이 힘들어집니다. 성에 차지 않는 배우자와 자식을 원망하고, 마음대로 흘러가지 않는 세상일을 탓하고, 무엇보다 부족한 자신을 미워합니다. 자꾸만 힘들어진다면 타인이나 세상에 기대는 습관을 버리면 될 텐데, 그러지도 못한 채 더욱 그것에 집착합니다. 그것을 포기하면 조그마한 행복의 가능성도 함께 멀어진다고 믿기 때문입니다.

그러나 행복의 주도권이 외부에 있다고 믿으면 나는 계속 흔들릴 수밖에 없습니다. 일이 잘 풀리면 행복할 것이고, 예상치 못한 사건으로 일이 꼬이면 불행해지겠지요. 사람들이 나를 인정하고 좋아해 주면 행복하겠지만, 그 관심을 유지하기 위해서는 쳇바퀴 위에 올라탄 다람쥐처럼 노력을 멈추지 말아야 할 것입니다.

그런데 바깥에 있는 존재에 따라 결정되는 행복, 갈구해야만 얻을 수 있는 행복이라면, 그것을 정말 행복이라고 부를 수 있을까요? 오히려 우리의 기분을 붕붕 띄웠다 추락시키는 만큼, 괴로움이라고 부르는 게 더 맞지 않을까요?

사람들이 의외로 모르는
홀로서기의 3가지 의미

그래서 홀로서기가 필요합니다. 홀로서기란 외부에 기대지 않는 태도이고, 행복의 주도권을 다시 나에게로 가져오기 위한 노력입니다. 기대는 사람은 상황에 따라 기분과 행동이 오락가락하지만, 홀로 설 수 있는 사람은 기분과 태도가 비교적 일정합니다. 타인과 세상에 의해 내면이 크게 흔들리지 않기 때문입니다.

그런데 제가 이런 이야기를 하면 많은 내담자가 아리송한 표정으로 말합니다. "선생님, 제가 먼저 믿을 만한 사람이 되어야 홀로서기도 가능한 거 아닌가요? 뭔가 잘하는 게 있어야 다른 것에 기대지를 않지요." 그 말에는 경제적 능력이든 인성이든 실력이든, 어느 면에서 완벽한 사람이 되어야 의존하지 않고 흔들리지 않는 삶을 살 수 있지 않겠냐는 뜻이 담겨 있습니다. 즉 믿을 만한 사람이 되기 위해 실력을 갖추는 게 우선이라는 논리입니다.

하지만 앞서 살펴봤듯이, 그 기준이 외부에 있는 한 완벽해지기 위한 노력에는 끝이 없다는 게 문제입니다. 타인에게 인정받는 일에 끝이 있을까요? 성공에 과연 끝이 있을까요? 외부의 요소들을 모두 통제할 수 있다면 모를까, 우리는 언제 잃을지 모르는 타인의 평판과 언제 닥칠지 모를 위기에 촉을 세우고 전전긍긍할 것입니다. 이것은 노력한다고 해결될 문제가 아니지요. 그러므로 실력 먼저 갖추겠다는 생각은 옳지 않습니다. 외부로 향하던 시선을 내부로 돌려, 내 마음을 들여다보고 돌보는 일이 곧 행복임을 알아야 합니다.

사람들이 자주 오해하는 홀로서기의 진짜 의미는 다음과 같습니다. 첫째, 통제 가능한 일과 통제 불가능한 일을 구분하는 능력입니다. 타인의 마음, 세상, 이미 지나간 과거 등은 내 힘으로 어쩔 수 없는 통제 불가능한 일입니다. 이에 대해서는 집착을 거두는 게 좋습니다. 반면 내 마음은 통제가 가능합니다. 따라서 유한한 시간과 에너지를 통제 가능한 내 마음에 두는 것이 바로 홀로서기입니다.

둘째, 내 마음을 잘 알고 다루는 능력을 갖추는 것이 홀로서기입니다. 우리는 모두 저마다의 안경을 쓰고 세상을 바라봅니다. '인정받고 사랑받고 성공하면 행복해질 것이다'라는 신념도 내가 쓴 안경을 통해 바라본 세상에 관한 이야기일 뿐입니다. 그런데 자기가 안경을 쓴 줄 모른 채 그것을 진실이라고 착각하는 순간 온갖 괴로움에 휩싸이고 맙니다. '내 안경이 지금은 시야가 잘 안 맞는군' 하고 넘어가야 할 문제를 애먼 사람

탓, 세상 탓으로 돌리니까요. 홀로서기는 자기가 어떤 안경을 쓰고 있는지 관찰하려는 태도이자 노력입니다.

그렇다고 다른 안경으로 바꾸거나 아예 벗을 수는 없습니다. 안경을 통해 세상을 바라보는 것은 인간의 태생적인 조건이니까요. 다만 자기가 어떤 안경을 썼는지 알기만 해도 안경을 통해 들어온 세상의 모습에 크게 흔들리지 않게 됩니다. '아, 오늘은 세상이 좀 흐리게 보이네', '오늘은 맑아 보이는구나' 하면서 나와 세상의 모습을 보이는 그대로 인정하고 수용할 수 있게 됩니다. 내 마음을 잘 다룬다는 것이 바로 이것입니다. 세상을 바라보는 내 안경을 잘 관찰하면 세상일에 일일이 반응하지 않게 됩니다.

셋째, 내 마음을 잘 다룰 수 있게 되면 인생에 대한 통제력이 생기고, 삶에 대한 자신감이 높아집니다. 보통의 우리는 안경을 썼다는 사실을 잊은 채 보이는 대로, 들리는 대로 반응하고 행동합니다. 누군가가 듣기 싫은 잔소리를 하면 짜증을 내고 언성을 높입니다. 자기가 쓴 안경 때문에 그 사람 이야기가 잔소리로 들린다는 생각은 할 겨를도 없습니다. 자극에 대해 즉각적으로 반응할 뿐이지요. 그런데 내 눈에 쓴 안경이 있다는 사실만 알아도, 그 안경을 통해 들어온 자극이 내 마음에 일으킨 감정과 생각을 관찰할 수만 있어도, 자동적인 반응을 멈

홀로서기 심리학

추고 어떻게 행동할지를 선택할 수 있게 됩니다. 욱하는 마음에 화를 내고 후회하는 게 아니라, 못 들은 척할지 아니면 기분 나쁘지 않게 충고를 건넬지 결정할 수 있게 되지요. 선택지가 많아질수록 삶을 스스로 통제하고 조절할 수 있는 여지도 넓어집니다. 그것은 곧 자신감으로 이어지고요.

홀로 설 때 비로소
삶 전체가 달라지는 까닭

통제 가능한 것과 불가능한 것을 구분하고, 내 마음을 잘 관찰하고 다루는 능력을 길러서, 삶에 대한 주도권을 쥐는 것. 그것이 바로 홀로서기의 핵심입니다. 그래서 홀로 설 수 있는 사람들은 주변의 상황에 크게 휘둘리지 않습니다. 어떤 상황이 들이닥쳐도 스스로 원만하게 통제할 수 있다는 자신감이 있기 때문입니다.

그들은 스스로에 대해 객관적인 시선을 유지합니다. 자기가 어떤 안경을 쓰고 있는지 잘 알고 있고, 다른 사람들도 저마다의 안경을 쓴 채 세상을 바라본다는 사실을 이해하고 있기 때문에, 각자가 내리는 해석에 그리 집착하지 않습니다. 그들은 타인이 내리는 평가에 민감하게 반응하지 않고, 자기 비난에도 쉽게 빠지지 않습니다. 또 자기 허물이나 못난 모습도 있는 그대로 인정하고 수용합니다. 따라서 기분과 행동에 기복이 없습니다. 일정한 수준을 벗어나지 않고 상식적으로 행동하지요.

그 결과 인간관계도 자연스럽게 좋아집니다. 다른 사람이 하는 말과 행동에 일일이 의미를 부여하지 않습니다. 갑작스럽게 화를 내거나 모나게 구는 일이 줄어듭니다. 또 자신의 부족한 면을 인정하기 때문에, 그 부분에 대해 기꺼이 타인에게 도움을 구합니다. 단점이나 부족함을 감추려고 지나치게 애쓰지 않으니, 다른 사람이 그를 대하는 데 있어 부담감이 없습니다. 자연스럽고 편안한 관계 맺기가 가능해집니다.

결과적으로 삶 전체가 부드러워집니다. 타인과 세상의 변화에 크게 구애받지 않기에 걸려 넘어질 일이 줄어듭니다. 사실 사람들은 자기를 믿지 못하기 때문에 자꾸만 다른 것에 의존하려 하고, 그 때문에 상처 입기를 반복합니다. 반대로 자기를 잘 알고 자기가 내리는 판단과 행동에 믿음이 생기면, 외부에 의존할 일이 줄어듭니다. 그럴수록 나에게 너그러워지고, 타인에게 관대해지며, 인생은 부드러워지지요. 삶을 변화시키는 마법이 바로 홀로서기에 있습니다.

그 무엇에든 기대고 싶은
당신에게 지금 필요한 것

오락가락하는 감정, 상처 주는 타인, 나를 깎아내리는 나쁜 버릇 때문에 마음이 다치고 힘이 든다면, 지금 무엇에 마음을 기대고 있는지 살펴보길 바랍니다. 기대고 싶지 않은데도 자꾸만 기대게 된다면 그에 집착하는 마음까지도 있는 그대로 주의해서 바라보세요. 나를 힘들게 하는 문제가 해소될 때 행복에 이를 것 같지만 반대로 생각해야 합니다. 시선을 내부로 돌려 내 마음을 관찰하고 돌보는 순간 나를 힘들게 하는 문제들이 도미노처럼 해결됩니다. 자꾸만 기대고 싶은 당신에게 제가 홀로서기를 권하는 이유입니다.

내 마음을 돌보는 2가지 구체적인 방법

마음을 돌봐야 한다는 말이 조금 추상적으로 들리나요? 자꾸 비슷한 문제를 겪는다면 내 마음이 잘못됐다는 이야기이니, 마음을 고쳐야 하지 않겠느냐고요? 그런데 마음은 희한해서 고치려고 애를 쓸수록 엇나가는 경향이 있습니다. '나는 있는 그대로 완전해, 부족하지 않아'라고 생각할수록 '나는 왜 이렇게 부족하지?'라는 생각이 강화되는 것처럼 말이에요.

마음을 돌보는 방법은 크게 두 가지입니다. 첫째는 어떤 감정이 들어도 그것을 억압하지 않고 인정하는 것입니다. 둘째는 어떤 생각이 들어도 그것을 진실로 착각하지 않고 관찰하는 것입니다. 감정과 생각 모두 떠오르는 대로 억누르지 않고 바라보면 신기하게도 어느 순간 힘이 약해져서 먼 곳으로 사라집니다.

익숙한 자기 비난이나 남 탓하는 버릇에 대처하는 방법도 비슷합니다. 그런 느낌과 생각을 떠오르는 대로 관찰하세요. 그러다 보면 예전처럼 화를 내거나 상처를 입는 등 즉각적으로 반응하는 대신에 자연스럽게 자극을 조절하고 행동을 통제할 수 있게 됩니다.

2

나는 왜 나를 믿지 못하고
타인의 사소한 말에 흔들리는 걸까?

제 상담실에는 20~30대 젊은이들이 자주 찾아옵니다. 그들과 마주하면 흔한 말로 '세대 차이'를 실감하게 되는데, 우선 그들은 자기가 무엇을 좋아하고 어떻게 살기를 바라며 어떤 점이 부족한지를 누구보다 잘 압니다. 당연히 돈, 명예, 권력 같은 획일적인 가치를 추구하는 것이 행복이라고 생각하지 않습니다. 주어진 삶이 아닌 원하는 삶을 적극적으로 개척해 나가려는 의지가 충만합니다.

저는 이것을 '건강한 개인주의'라고 표현하고 싶습니다. 저를 포함한 기성세대가 돈과 명예만 쫓다가 중년에 와서 인생의 위기를 크게 겪는다는 점을 생각해 보면, 그들의 개인주의가 얼마나 건강한 것인가를 실감하게 됩니다. 자기 자신을 잘 알수록 크게 흔들리지 않기 때문입니다.

하지만 개인주의에서 비롯된 또 다른 특징을 발견할 때도 많습니다. 우선 타인에게 기대는 것을 별로 좋아하지 않습니다. 누군가가 충고를 건네면 당신 생각일 뿐이라고 뚜렷하게 경계를 짓습니다. '나는 내가 제일 잘 안다'고 믿기 때문이고, 누군가의 충고를 받아들이는 것을 무능력하다고 생각하기 때문입니다.

그래서일까요. 제가 의견을 건네면 날카로운 태도로 '삑' 하는 경고장을 날리는 이들도 있습니다. 함부로 자기 영역에 침범하지 말라는 신호입니다. 그럴 때 저는 더욱 조심해서 접근하지만, 속으로는 이런 판단을 합니다. 겉으로 개인주의를 표방하는 그이지만, 속으로는 타인의 사소한 말과 행동에 지나치게 신경을 쓰고 있다고요. 그는 마치 자기 영역을 지키는 보초병처럼 날카로운 경계 태세를 갖추는데, 이것이 역설적인 결과를 낳습니다. 타인의 반응에 예민하게 주의를 기울이는 나머지 오히려 그에 휘둘리게 되는 것이지요.

이보다 더 안타까운 점은 따로 있습니다. 그들은 자주 저에게 토로합니다. 외롭다고요. 어떤 청춘은 이렇게 말합니다. "선생님, 사람들과 가깝게 지내기가 너무 힘들어요. 예전에는 메

신저 대화가 끊기면 먼저 연락도 하고, 무슨 일인지 궁금해하기도 했어요. 하지만 요즘에는 그런 걸 물으면 오버하는 거 같아서 그냥 말아 버려요. 사람들과 친하게 지내고 싶어도 어디까지 나를 오픈해야 하는지, 내가 너무 바짝 다가가는 건 아닌지 자꾸 살피게 돼요."

사람이라면 당연히 관계를 맺고자 하는 강력한 욕구를 느끼기 마련입니다. 어딘가에 소속되고 싶고 안정감을 얻고 싶어 합니다. 하지만 개인주의적인 분위기가 팽배하다 보니, 서로 가까워지는 길을 찾지 못한 채 방황하는 사람들이 늘고 있습니다. 나의, 나에 의한, 나를 위한 세계를 구축하는 데 에너지를 모두 쏟은 나머지, 어떻게 서로 연결되어야 하는지 모르는 채 각자 섬처럼 외롭게 둥둥 떠다니고 있는 모습입니다.

우리 마음에는 상반되는 2가지 욕구가 살고 있다

온전한 나로 존재하고 싶으면서도 동시에 타인과의 관계에서 의미를 찾고자 하는 것. 심리학에서는 이것을 독립과 의존의 문제로 바라봅니다. 그런데 개인주의가 득세하는 현실에서 사람들은 독립은 좋은 것으로, 의존은 나쁜 것으로 치부하는 경향이 있습니다.

그런데 여기서 한 가지 짚고 넘어가고 싶습니다. 의존이 정말 나쁘기만 할까요? 이 세상 그 누구도 다른 사람들의 손길을 떠나서 홀로 완벽하게 독립적인 상태로 살아갈 수는 없습니다. 아기를 생각해 보세요. 무력 그 자체인 아기는 양육자의 헌신적인 돌봄을 통해서만 생존할 수 있습니다. 그리고 그것은 다 자란 어른이 되어도 달라지지 않습니다. 개인은 언제나 부족한 면이 많고, 따라서 다른 사람들로부터 도움을 얻어 살아갈 수밖에 없습니다. 즉 타인과 긴밀하게 관계를 맺고 그로부터 영향을 받으며, 타인에게 잘 보이려고 노력하고, 인정받으려 애쓰는 것은 인간의 생존 조건으로부터 유래하는 본능적인 욕구입니다. 한마디로 지나쳐서 문제일 뿐, 의존 자체는 매우 자연스러운 상태라는 뜻입니다.

또 자유가 무조건 좋기만 할까요? 때때로 과중한 업무와 관계에 시달릴 때 사람들은 아무도 없는 곳으로 여행을 떠납니다. 자기 자신을 되찾고 회복하고 싶은 욕구에서지요. 그러다 혼자 있는 시간이 길어지면 슬슬 궁금해집니다. 나 없이도 가족들은 잘 지내는지, 회사는 잘 돌아가는지, 세상에는 별일이 없는지 말이에요. 자기 자신이 되고 싶은 욕구 못지않게 세상

홀로서기 심리학

에 쓸모 있는 존재가 되고 싶고, 다른 사람들과 연결되고 싶은 욕구도 크기 때문입니다. 그래서 열심히 공부하고, 일하고, 친절을 베풀고, 좋은 사람이 되려고 노력합니다. 어쩌면 인정받고 싶은 마음이 있기 때문에 사람은 개인적으로나 사회적으로나 성장하는지도 모릅니다.

이처럼 우리 마음에는 상반되는 두 가지 욕구가 살고 있습니다. 한쪽 끝에는 자유롭고 싶은 마음, 온전히 나 자신으로 존재하고 싶은 마음이 있습니다. 덕분에 우리는 함부로 개인적인 영역을 침범해 들어오는 사람으로부터 한계를 설정할 수 있습니다. 나 자신을 지키는 것이지요.

반대편에는 인정받고 싶은 마음, 관계를 통해 의미를 찾고자 하는 마음이 있습니다. 나를 지지하고 삶을 공유하는 소중한 사람들은 우리가 느끼는 행복의 핵심입니다. 따라서 그들을 위해 때때로 우리는 자신의 욕구를 포기하기도 하고 요구 사항에 순종하기도 하며, 부족한 부분을 있는 그대로 드러내기도 합니다. 그렇게 해서 얻는 타인의 인정과 따뜻한 관심은 삶의 동력이 됩니다.

극단에 위치한 두 가지 욕구는 일종의 스펙트럼처럼 작용합니다. 이 둘 사이에서 어떻게 균형을 잡느냐에 따라 성격 발달의 중요한 양상이 나타나지요. 그리고 이 균형은 정체성에 따라 다르게 나타나고, 시간이 지남에 따라 변화합니다. 문제가되는 경우는 한 극단으로 치우칠 경우, 상황에 따라 유연하게반응하지 못하는 경우입니다.

자유롭고 싶은 마음
vs. 인정받고 싶은 마음

그렇다면 극단으로 치우칠 때 어떤 심리적인 문제가 발생할까요? 저는 '자유롭고 싶은 마음'을 중심으로 느끼고 행동하는사람을 '성에 사는 주민'으로, '인정받고 싶은 마음'을 중심으로 느끼고 행동하는 사람을 '마을에 사는 주민'으로 비유해 설명합니다. 성 주민은 개인주의적인 경향이 지나친 나머지 타인과 원만한 관계를 맺지 못하는 사람입니다. 반대로 마을 주민은 타인에게 너무 의존한 나머지 너무 쉽게 흔들리는 사람입니다.

성 주민이 살아가는 법

성 주민은 언덕 높은 곳의 견고하게 세워진 성벽 안쪽에 삽니다. 외부인이 쉽게 접근하기 어려운 곳이지요. 성벽의 존재

목적은 자기 보호입니다. 성 주민은 수많은 시간과 에너지를 쏟아 난공불락의 요새를 지음으로써 세상의 온갖 소란으로부터 자신을 보호하고 약점을 외부에 드러내지 않으려고 노력합니다. 누군가가 침입할까 봐 늘 경계 태세를 갖추고 있습니다.

여러분은 이렇게 물을지도 모르겠습니다. "그래서? 효과적이라면 뭐가 문제인데?" 문제는 이 같은 자기 보호 전략을 지나치게 고수할 경우 고립으로 이어지기 쉽다는 점입니다. 두꺼운 성벽 안에 사는 사람은 안전을 담보받는 대신 바깥세상과 단절됩니다. 바깥세상의 정보가 성 안으로 들어오지 못하는 동안 성 주민의 시야는 갈수록 좁아지고 왜곡됩니다. 또 외로움과 소외감에 빠져듭니다.

더 큰 문제는 따로 있습니다. 성 주민은 타인과의 교류가 너무 적기 때문에 타인의 감정에 귀 기울이고 이를 받아들이는 능력이 저하됩니다. 즉 공감 능력이 결여됩니다. 그런데 타인의 감정에 공감하지 못하면 결국 감정을 읽는 능력마저 퇴화해 자기 감정도 제대로 인식하지 못하는 지경에 이릅니다. 그결과 삶과 세상에 대한 흥미가 사라지고 자기가 진정으로 무엇을 원하는지 잘 파악하지 못하게 될 수 있습니다.

약점을 드러내길 극도로 꺼리는 성 주민은 어려운 환경에 처해도 쉽게 도움을 요청하지 못합니다. 반대로 누군가가 도움을 요청하거나 관심을 보여도 그것을 이해하지 못하고, 쉽게 무시합니다. 그들은 성벽에 혼자 남고 더욱 외로워집니다. 하지만 사람들과 함께하는 법을 모르기 때문에 갈등이 생길수록 성벽을 더욱 높게만 쌓습니다. 그런 태도는 외부인들의 분노와 질투를 유발하지요.

결국 성 주민은 외부인들의 공격과 비난을 받게 되고, 타격을 받기 시작한 성벽은 순식간에 무너지고 맙니다.

개인주의자 니나가 결국 실패할 수밖에 없었던 이유

니나는 대표적인 성 주민입니다. SNS 게시물 속에서 그녀는 능력 있는 직장인의 모습이거나 남자 친구와 멋진 레스토랑에서 저녁 식사를 하며 활짝 웃고 있는 모습이었습니다. 남부럽지 않은 삶을 사는 듯 보였지요. 하지만 불안감이 지나치게 표출되면서 남자 친구의 끈질긴 요구로 저를 찾아왔습니다.

니나는 느긋한 발걸음으로 아무렇지 않은 척 제 사무실로 들어왔습니다. 도통 속마음을 드러내지 않았지요. 심리 상담가는 내담자의 감정 신호를 읽고 그들의 요구를 감지해야 합니다. 하지만 니나의 마음을 읽기란 쉽지 않았습니다. 치료를 진행하면서 저는 이것이 그녀의 문제점임을 알게 되었습니다.

니나는 누군가가 가까이 접근하는 것을 별로 좋아하지 않았습니다. 개인적인 영역이 침범당할까 봐 불편해하고 두려워했지요. 그래서 감정 신호를 차단하는 습관이 있었습니다.

니나의 부모님은 감정을 다루는 데 있어서 억압적인 경향이 강했습니다. 니나가 감정을 표현하면 어떻게 해야 할지 몰라 했고, 감정을 참고 드러내지 않을 때 칭찬해 주었지요. 또 불안한 마음에서 초조하게 딸의 곁을 서성이곤 했는데, 니나가 열심히 공부하거나 뛰어난 성과를 보이면 그제서야 안심하고 뒤로 물러섰습니다.

억압적이고 간섭이 심한 부모 밑에서 자라면서 니나는 관계 맺기란 자유를 빼앗기는 일이라고 생각하게 되었습니다. 개인적인 영역을 침범당하지 않으려면 최대한 감정을 억압하고 성과를 내야 한다고 느꼈고, 완벽주의적인 습관을 들이게 되었습니다.

이런 습관은 학교와 직장에서 어느 정도까지는 효과가 있었습니다. 하지만 승진을 하고 팀장의 자리에 이르러 여러 사람과 함께 일해야 하는 입장이 되자 도움이 되지 않았지요. 주위에 무관심한 니나의 태도와 지나친 개인주의는 새로운 동료들에겐 불친절한 행동으로 비쳤습니다. 결국 동료들도 니나에게 점점 더 불친절해졌고, 그녀에게 필요한 지원을 해 주지도 않게 되었습니다. 이런 상황은 니나의 사회적 불안감을 증폭시

켰습니다.

불안감이 심해질수록 니나의 개인주의적 성향도 강해졌습니다. 외부로부터 공격을 받을수록 성벽을 높이는 것은 성 주민의 전형적인 특징이지요. 그녀는 혼자서도 모든 일을 완벽히 처리해 낼 수 있다고 믿었고, 더욱 일에 매진했습니다. 하지만 그럴수록 동료들로부터 소외되었고 성과도 보잘것없었습니다. 니나는 외로웠고 점점 지쳐 갔습니다. 스스로는 깨닫지 못하고 있었지만, 그녀가 세운 공고한 성벽이 곧 무너질 위기에 처했음은 두말할 나위 없는 현실이었습니다.

마을 주민이 살아가는 법

마을 주민은 성 주민과 정반대의 성향을 보입니다. 그들은 타인과 맺는 긴밀한 관계 속에서 안정감과 행복을 느낍니다. 그들은 서로 솔직하게 감정을 내보이고 나누는 것이야말로 가까워지는 방법이라고 믿습니다. 그래서 감정을 느끼고 표현하는 데 능숙합니다.

하지만 관계를 맺고 싶은 욕망 때문에 자신이 정말로 원하는 것을 보지 못하게 되기도 합니다. 소외된 상태를 싫어하므로 결정을 내릴 때 함께하는 사람의 영향을 지나치게 받습니다. 마을 주민은 타인과의 관계를 유지하기 위해 자신의 욕구를 뒤로 한 채 상대에게 많은 것을 제공하고 희생하는 경향이 있습니다. 이때 만약 상대방이 기뻐하고 고마워하면 마을 주민 역시 행복과 보람을 느끼지만, 상대에게서 소외된 느낌을 받으면 크게 분노하기도 합니다.

또 마을 주민은 종종 감정의 노예가 됩니다. 감정의 영향을 차단하는 성 주민과는 반대로 마을 주민은 감정대로 행동하는 경향이 있습니다. 그래서 마을 주민이 맺는 관계는 기복이 많습니다. 그들은 싸우고 화해하고, 사랑하고 미워하기를 반복합니다. 이처럼 감정 소모에 에너지의 대부분을 쏟기 때문에 마을 주민은 장기적인 목표에 쉽사리 집중할 수 없게 됩니다. 마을 주민은 감정이 격해지면 집중력이 흐려지고 같은 생각에서 벗어나지 못하며 걱정에 사로잡히기 쉽습니다. 감정을 잘 통제하지 못해서 우울증이나 불안감, 행동 장애 등의 만성적인 문제를 겪기도 합니다.

경계를 지키지 못하는 제시카가 늘 상처받을 수밖에 없었던 이유

제시카는 언뜻 쾌활한 사람으로 보였습니다. 감정이 풍부했고, 자기 감정을 다른 사람에게 표현하길 즐겼습니다. 오락가락하는 기분 때문에 그날그날 태도가 들쑥날쑥하는 등 불안정한 모습이 종종 나타났지만, 전반적으로 매력 있고 생기 넘치는 사람이었습니다.

하지만 제시카는 그 누구와도 지속적인 신뢰 관계를 만들어 가지 못했습니다. 문제는 버림받을지도 모른다는 극심한 불안감이었습니다. 그녀는 사랑하는 사람이 갑자기 바쁜 일이 생겨 약속을 미루거나 전화를 늦게 하면 "이제 내가 지긋지긋하지?", "너도 똑같아, 너는 안 변할 거라고 그렇게 장담하더니" 하는 말로 부담을 주었습니다. 그러면 상대방은 갑자기 바쁜 일이 생긴 이유뿐만 아니라 '내 마음은 여전히 너를 사랑한다'를 증명해 보여야 했습니다. 사소한 다툼에도 매번 사랑을 확인하려는 그녀의 태도는 누구라도 지치게 만들기에 충분했습니다.

그런데 상대가 힘들어하는 기색을 보이면 제시카는 갑자기 불안해져서 어떻게든 그를 붙잡으려고 안달했습니다. 무작정 그의 집을 찾아가 밤을 지새우기도 하고, 일해야 하는 시간에도 회사를 박차고 그를 만나러 나가곤 했지요. 이 정도로 감정과 행동이 통제 불가능한 지경에 이르면 그녀 스스로도 자괴감에 빠졌습니다. '나는 왜 나 혼자서는 튼튼한 사람이 되지 못하고, 다른 사람에게 매달려 인생을 낭비하는 걸까?'

이런 양상은 친구를 비롯한 대인 관계에서도 유사하게 나타났습니다. 제시카는 친구들에게도 괜찮은 사람처럼 보이고 싶어 했고 자기를 꾸미는 데 열중했습니다. 그리고 친구의 요구에 지나치게 순응적인 태도를 보였습니다. 그러다 보니 친구들은 알게 모르게 그녀를 무시하게 되었습니다. 뭔가 자연스럽지 못하고 억지스러운 태도가 상대를 불편하게 만들었던 것이지요.

자기 자신에 대한 긍정적인 확신이 부족했던 제시카는 타인의 평판에 지나치게 민감해졌습니다. 다른 사람이 그녀를 추어올려 주면 정말로 자기가 괜찮은 사람처럼 느껴졌고, 반대로 무관심한 반응과 마주하면 자기를 한없이 초라한 사람으로 여겼습니다. 그러다 보니 타인의 사소한 말도 쉽게 지나치지 못하고 '저 말을 무슨 뜻으로 한 거지?' 하며 과도하게 의미를 부여했습니다. 당연히 인간관계에 너무 많은 에너지를 소모했고, 합리적으로 자기주장을 못 펴니 관계 맺기는 늘 피곤하고 어렵고 힘든 일이 되었지요. 그녀는 말했습니다.

"저는 꼭 껍데기만 있는 사람 같아요. 제 속은 텅 비어 있어요. 그러니까 매번 다른 사람이 하는 말에 갈대처럼 흔들려요. 누군가를 만나면 텅 빈 제 속을 꽉 채워 줄 거라 기대하고 실망하고…. 관계는 늘 그런 식으로 끝나요. 다른 사람이 뭐라 하든 흔들리지 않는, 속이 단단한 사람들을 보면 너무 부러워요."

타인의 말에 쉽게
흔들리지 않는 사람들의 심리

니나와 제시카의 이야기는 제 상담실에서 수없이 보아 온 사례들을 총망라해 유형화한 것이나 다름없습니다. 현실을 살아가는 사람들을 성 주민과 마을 주민으로 완전히 나누어 구분하기는 어렵습니다. 우리들은 모두 때에 따라 성 주민에 가깝기도 하고, 마을 주민에 가깝기도 합니다. 예를 들어 회사에서는 개인주의적인 성 주민에 가깝다가도 집으로 돌아오면 마을 주민의 특징을 더 많이 보입니다. 또 20대에는 성 주민에 가깝지만 나이가 들수록 마을 주민처럼 변하기도 합니다. 이처럼 정체성에 따라, 시간이 지남에 따라 성 주민과 마을 주민의 특징이 중첩되어 나타나고 둘 사이의 균형점이 달라지는 것이 현실을 살아가는 우리들의 모습입니다.

제시카와 비슷한 심리적 문제로 힘들어하는 사람들은 타인의 말과 행동에도 흔들리지 않는 사람들이 성 주민들일 거라고 추측합니다. 하지만 정말로 휘둘리지 않는 사람은 성벽을 두껍고 높게 올리는 성 주민이 아닙니다(우리는 이미 성 주민이 어떻게 무너지는지 살펴보았지요). 오히려 성 문을 활짝 열고 자신의 약점도 드러낼 줄 아는 사람이야말로 타인의 평가에 쉽게 흔들리지 않습니다.

그들은 약점도 정체성의 일부로 인정합니다. 우리가 가진 정체성과 욕구는 다양합니다. 어느 때엔 자유로운 내가 되고 싶다가도, 쓸모 있는 사람으로 인정받고 싶은 것이 사람의 마음입니다. 그러다 보니 다른 사람이 나를 어떻게 생각하는지에 집착하기도 하고, 뜻하지 않게 아부를 떨기도 하지요. 하지만 그게 '나'의 전부는 아닙니다. 타인의 반응에 촉을 세우는 '나'의 이면에는 누가 뭐라 하든 내 뜻대로 살겠다고 다짐하는 '나'가 존재합니다. 다양한 '나'가 있기 때문에 그중 하나가 못나고 부족하고 마음에 안 들어도 전체로서의 '나'는 괜찮을 수 있습니다.

내 일부를 '나' 전체로 매도하지 않는 태도가 중요합니다. 그래야 타인의 지나가는 평가에 크게 상처받지 않습니다. 타인의 평가는 아무리 타당하고 뼈아픈 지적일지라도 내 일부에 대한 것일 뿐, 전체에 대한 평가는 아닙니다. 회사원으로서의 나는 조금 능력이 부족할 수 있습니다. 그 부분에 대해 따끔한 말이 나올 수 있지요. 하지만 그 때문에 실의에 빠지고 낙담하고 우울로 자신을 몰고 갈 필요는 없습니다. 회사원이 아닐 때의 또 다른 나는 충분히 능력 있고 매력적인 사람이니까요.

홀로서기 심리학

우리는 모두 적당히 부족하고
적당히 괜찮은 사람이다

내가 나에 대한 테두리를 넓게 쳐 줄 필요가 있습니다. 우리는 모두 어떤 면에선 출중하고 어떤 면에선 부족합니다. 어떨 땐 타인과 살갑게 지내고 싶어 안달하다가도 갑자기 거리를 두고 싶어집니다. 가끔은 자존감이 하늘을 찌르다가 갑자기 땅 밑으로 푹 꺼집니다. 이렇게 모순덩어리인 나 자신을 자연스러운 모습으로 인정하면 타인의 말과 행동도 "그럴 수 있지 뭐" 하고 받아들이게 됩니다. 그런 면이 있는 게 사실이니까요. 불필요하게 의미를 부여하지 않고, 있는 그대로 담백하게 이해하게 됩니다.

그들은 도움을 요청할 때도 스스럼이 없습니다. 자기에게 있는 부족한 점을 객관적으로 인지하고 있기에 그 부분에 관해 정확히 도움을 요청합니다. 그것이 자신의 취약함을 드러내는 일이라며 두려워하거나 통제력을 상실할까 봐 걱정하지도 않습니다. 부족한 부분이 있는 만큼 뛰어난 부분도 있다고 생각하기 때문입니다. 이것이야말로 성 주민과의 가장 큰 차이점입니다.

나를 있는 그대로 드러낼 수 있을 때만 우리는 의미 있는 관계를 맺을 수 있습니다. 얕은 관계에서는 멋있는 모습, 괜찮은 모습만 보여 줄 수도 있겠지요. 하지만 우리가 진정으로 원하는 관계는 서로의 약점에도 불구하고 그것을 받아들여 주고 좋아해 주는 사이일 겁니다. 그러기 위해서 나를 감추기보다 드러내 보여 주는 용기가 필요합니다. 있는 그대로의 내 모습을 내가 먼저 받아들이려고 애써야 합니다.

어떻게 타인과 관계를 맺어야 할지 모르겠다는 개인주의자들에게 하고 싶은 말도 이것입니다. 나를 지키겠다는 미명하에 자꾸만 성벽을 높게 쌓지 마세요. 누군가 침범해 들어올까 봐 너무 두려워하지 마세요. 성 문을 열어도 성채는 결코 무너지지 않습니다. 타인에게 제대로 의존할 때 우리는 훨씬 강해지고 부드러워집니다. 그러니 지금 당신에게 필요한 건 닫힌 성문을 여는 그 사소하고도 단순한 용기뿐입니다.

의존성을 다루는 법

타인에게 의존하지 않는 인간은 없습니다. 의존을 나쁘게만 보지 마세요. 어른의 홀로서기란 의존을 자연스럽게 받아들이는 태도에서 시작되며, 독립과 의존 욕구 사이에서 서핑하듯 균형을 잃지 않으려는 노력입니다.

만약 당신이 어느 부분에서 니나처럼 성벽을 높게 쌓고 있다면, 건강하게 의존하는 법을 배울 필요가 있습니다. 건강한 의존이란 부족한 부분을 객관적으로 파악하고, 그 부분에 관해 힘 있는 사람에게 정확히 도움을 요청하는 것입니다. 술, 약물, 무분별한 관계 등에 의존하는 것과는 완전히 다르지요. 정확하고 객관적인 의존은 나와 타인 모두를 건강하게 만듭니다.

만약 당신이 어느 부분에서 제시카처럼 지나치게 타인 의존적이라면, 우선 그런 의존 욕구 자체를 인정해 보세요. 그리고 "그럴 수도 있지 뭐" 하고 넘기는 연습을 해 보세요. 타인의 반응에 대한 민감성을 낮추어 유리 멘탈에서 벗어나는 것입니다. 동시에 당신이 가진 여러 정체성을 떠올리며 각각의 장점을 찾아보세요. 전체로서의 '나'가 괜찮으면 웬만한 일엔 크게 흔들리지 않습니다.

상처받는 것도 습관이다
: 심리적인 문제의 원인을 과거에서만 찾을 때 벌어지는 일

제시카는 상담 내내 부모님 이야기를 자주 꺼냈습니다. "저희 부모님은 스스로를 예술가 기질이 다분한 사람들이라고 평가할 거예요. 하지만 제 입장에서 보면 변덕스러운 분들일 뿐이에요. 부모님은 제 친구 관계나 시험 같은 이야기를 따분하다고 여겼어요. 부모님의 관심을 끌려면 평범한 이야기도 뭔가 그럴듯하게 포장해야 했어요. 뭐든 요구할 때도 강하게 해야 들어주셨죠. 그러다 보니 제가 너무 감정적인 사람으로 자란 것 같아요."

제시카의 부모님이 아이의 마음을 먼저 헤아려 주고 안정적인 돌봄을 제공하는 훌륭한 양육자가 아니었던 것은 분명합니다. 하지만 그렇다고 해서 그녀의 부모님이 학대 같은 명명백백한 잘못

홀로서기 심리학

을 저질렀다고 보긴 어렵습니다. 어떤 면에서 보면 그들은 나름대로 최선을 다해 아이를 키웠다고 할 수도 있습니다. 다만 아이의 상황을 객관적으로 살피고 도움을 주기엔 자기 인생이 더 크게 느껴졌고, 자기 문제가 더 버거웠을 수 있지요. 그것은 잘못은 아닙니다. 서툴고 미성숙했다는 표현이 더 적절하겠지요. 그런 부모 밑에서 자란 것이 불운일 수도 있지만, 어찌 보면 세상에는 이보다 더한 불운도 많습니다. 그러니 책임의 화살을 전적으로 부모에게만 돌리는 것은 옳지도, 생산적이지도 않은 방식입니다.

심리적인 문제의 원인을 과거에서만 찾을 경우에 사람들은 은근히 자신을 무고한 피해자로 포장합니다. 자신은 어리고 약했기 때문에 부모의 영향을 고스란히 받을 수밖에 없는 처지였다고, 그러니 이 문제를 책임져야 할 당사자는 부모라고 외치면서요. 그렇게 해서라도 해결책이 보이지 않는 힘겨운 마음의 문제로부터 달아나고 싶은 것이겠지요. 그런 마음이야 십분 공감할 수 있습니다. 그러나 과거에만 매여 있으면 자신은 수동적인 존재가 될 뿐입니다. 인생을 통째로 타인의 손에 넘겨 준 꼴이 되고 말지요.

저는 심리적인 문제를 과거에서 기인한 문제가 아닌 '바꿔 나가야 할 습관'으로 바라보라고 이야기합니다. 습관은 어떤 행동을 되풀이하는 동안 형성된 자동화된 패턴입니다. 보통 우리는 우리를 기분 좋게 만들거나, 기분이 덜 나빠지게 만들거나, 요구를 충족시켜 주는 행동을 반복하지요. 그리고 이런 행동이 습관이 됩니다.

제시카의 경우, 감정적이고 변덕스러운 부모에게 원하는 것을 얻기 위해서는 강력한 자기표현이 필수라는 것을 내재화했습니다. 그래서 슬픔도, 기쁨도, 분노도 가능한 한 크게 느끼고 크게 표현하는 방식을 습관화하게 되었지요. 그리고 이 방식은 그녀가 부모를 대할 때는 효과적이었습니다. 하지만 같은 습관이 부모 이외의 관계에서는 나쁜 결과를 낳았습니다. 감정적으로 소모되었고, 있는 그대로 자기 감정을 느끼고 표현하는 법을 배우지 못하게 막았습니다.

그렇다면 제시카에게 필요한 것은 무엇일까요? 바로 습관을 바꾸는 것입니다. 감정을 강하게 표현하는 것이 과거에는 쓸모 있었던 습관이었을지 몰라도, 환경이 바뀌면 문제를 일으키는 원인이 될 수 있습니다. 이때는 습관을 고치려고 노력해야 합니다. 무의식적이고 자동적으로 흘러가는 감정과 행동의 패턴을 알아채고, 끊어 내는 훈련을 해야 합니다. 결코 쉽지만은 않지만, 과거를 반추하는 방식보다 훨씬 생산적이고 변화가 피부로 느껴지는 방법입니다.

심리 문제를 습관의 문제로 바라볼 때 얻게 되는 가장 큰 수확은 자신을 능동적인 주체로 바라보게 된다는 점입니다. 습관은 내가 바꿀 수 있는 가능성이 있기 때문이지요. 지금 당신이 겪고 있는 마

홀로서기 심리학

음의 문제도 어찌 보면 과거에 어떻게든 잘 살아 내려고 애썼던 행동이 습관화된 결과물입니다. 그렇게 보면 살아가는 내내 당신은 눈앞에 놓인 문제를 해결하고자 애썼던 사람이고, 앞으로도 문제를 해결할 능력이 충분한 사람입니다.

3

흔들리는 순간,
내 감정부터 살펴봐야 하는 이유

별일도 아닌데, 아주 사소한 일이었는데, 너무 크게 화를 낸 후 그런 자신에게 당황한 적은 없었나요? 식당에서 나보다 늦게 온 사람의 음식이 먼저 나와서, 다른 사람한테는 친절하던 점원이 나만 무뚝뚝하게 대해서, 옆집 강아지가 너무 시끄럽게 짖어서, 배우자가 양말을 제대로 벗어 놓지 않아서…. 뒤돌아보면 얼마든지 있을 수 있는 일인데도 당시에는 불같이 끓어오르는 분노를 주체하지 못해 나쁜 말을 쏟아 내고 후회하는 경우가 있습니다. 왜 우리는 분노라는 감정 앞에 이토록 취약해지는 걸까요?

분노를 찬찬히 들여다보면, 그 이면에 다른 감정이 숨어 있

홀로서기 심리학

습니다. 대부분은 불안이지요. 사랑받지 못할 거라는 불안, 인정받지 못할 거라는 불안, 지금 겪고 있는 이 문제가 나아지지 않을 거라는 불안입니다. 때론 슬픔이 분노의 탈을 쓰고 나타나기도 합니다.

분노, 불안, 슬픔 등은 흔히 부정적으로 여겨지는 감정입니다. 그런데 우리는 부정적인 감정을 능숙하게 다루는 방법을 잘 배우지 못했습니다. 〈울면 안 돼〉라는 노래를 떠올려 보세요. 아이의 울음이 얼마나 당황스럽고 다루기 힘들었기에 이런 가사가 나왔을까요.

우리는 자라면서 "울지 마라", "화내지 마라", "웃음을 잃지 마라" 같은 말을 수없이 들었습니다. 자연스럽게 부정적인 감정은 뭔가 문제가 있는 상태이고, 긍정적인 감정은 정상적인 상태라는 사고방식을 키울 수밖에 없었지요. 그러다 보니 부정적인 감정은 최대한 억누르는 습관을 들이게 됩니다. 느껴도 안 느낀 척, 괜찮은 척하는 것이지요.

그렇게 해서 감정이 사라진다면 문제가 없을 텐데, 안타깝게도 억눌린 감정은 탈출구를 찾지 못한 채 증폭되어 버리다가 어느 순간 다이너마이트처럼 폭발하고 맙니다. 이것이 사소한 일에 '욱'하게 되는 이유입니다.

삶에 관한 단 하나의 진실,
결코 뜻대로 흘러가지 않는다는 것

부정적인 감정은 피해야 하고, 긍정적인 감정은 정상이라는 생각의 뿌리에는 삶이 뜻하는 대로 흘러가야 한다는 믿음이 자리 잡고 있습니다. 불편하고 불쾌한 감정을 피해 가려면 그런 감정을 일으키는 상황 자체를 피해 가야 합니다. 조금 과장하자면 내 주변에는 늘 나를 좋아하는 사람으로 가득해야 하고, 노력한 만큼 일은 술술 풀려야 합니다. 머리로는 불가능하다는 걸 알면서도 속마음은 그렇게 되기를 바랍니다. 그리고 그것이 올바르고 정의롭다고까지 느끼지요.

하지만 인생이 정말로 그렇게 흘러갈까요? 저는 자동차의 비유를 들어 삶을 설명합니다. 자동차는 종류가 많고 각기 다른 장단점이 있습니다. 예를 들어 지프차는 험한 비포장도로를 쉽게 달리고 둔덕도 거뜬히 넘어갑니다. 대신 가속 능력은 떨어지지요. 반대로 스포츠카는 빠르고 날렵하지만 비포장도로에서는 가속 능력이 거의 쓸모없을 뿐만 아니라 유지비가 많이 듭니다.

우리도 자동차와 비슷하게 각기 다른 특성을 보입니다. 어떤 사람은 감각이 예민해서 창의적인 아이디어를 잘 떠올리지만 쉽게 지칩니다. 또 어떤 사람은 둔감해서 성장 속도가 느리지만 위기에 강해서 금방 포기하지 않습니다. 어떤 이는 목표 지향성이 강해 불도저처럼 앞을 향해 나아가지만 인간관계 측면에선 취약합니다. 반대로 타인의 마음을 잘 꿰뚫어 보고 헤아리는 사람은 다른 사람들을 너무 신경 쓰느라 크고 중요한 일을 성취해 낼 기력이 부족하지요.

자기의 장점이 잘 발현될 수 있는 환경에 있다면, 사람은 누구나 큰 어려움 없이 살아갈 수 있을 겁니다. 경주용 트랙 위에서 스포츠카가 쏜살같이 달리고, 험한 사막에서 지프차가 끝까지 달려가듯이 말입니다. 그러나 아쉽게도 인생을 살아가는 우리는 '차종'을 선택할 수 없습니다. 처음 주어진 차종으로 삶을 완주해야 합니다. 또 도로도 선택할 수 없습니다. 우리 앞에 어떤 도로가 펼쳐질지, 즉 삶에서 어떤 일들이 벌어질지는 시간이 흐른 뒤에야 알 수 있을 것입니다.

나라는 차종과 도로가 궁합이 잘 맞는다면 운이 좋다고 할 수 있을 겁니다. 반대로 도로가 영 껄끄럽고 불편하다면 운이 별로 안 좋다고 할 수 있겠지요. 그리고 운은 우리가 노력해서 얻을 수 있는 것은 아닙니다. 다시 말해 우리가 살면서 겪게 되는 무수한 사건은 우리의 통제력 바깥에 있기 때문에, 사는 동안 불편하고 억울한 일이 생기는 것은 당연하고, 불쾌한 감정을 피해 가기란 거의 불가능합니다.

그러므로 불편한 감정이
드는 것은 당연하다

우리가 부정적인 감정을 피해 갈 수 없는 이유가 또 있습니다. 바로 우리의 마음이 긍정적인 감정보다 부정적인 감정에 더욱 민감하게 반응하도록 진화해 왔기 때문입니다.

원시시대 인류를 생각해 보세요. 그들에게 분노, 두려움, 불안, 공포 같은 감정이 없었다면 과연 생존할 수 있었을까요? 사냥을 하려고 덤불을 헤치고 가는데 갑자기 뒤에서 나뭇가지가 툭 하고 꺾이는 소리가 들립니다. 그리고 목 뒤에서 뜨거운 입김이 느껴지고 으르렁하는 소리가 들립니다. 이때 느낀 불안과 두려움은 당장 위험한 상황으로부터 부리나케 도망가도록 만듭니다.

물론 즐거움, 기쁨, 유쾌함 같은 감정도 인간으로 하여금 관계를 맺고 무리를 형성하고 자손을 번성하게 합니다. 그러나 당장 호랑이에게 잡혀갈지도 모르는 위기 상황에 비하면 상당히 한가한 감정이기도 하지요. 생존의 측면에서 보자면 부정

홀로서기 심리학

적인 감정에 민감해지는 편이 훨씬 효과적입니다. 물론 현대의 인류가 목숨이 경각에 달릴 만큼 위기 상황에 처하는 일은 별로 없습니다. 그래도 과거의 생존 습관은 DNA에 남아서, 여전히 불안과 두려움에 민감해지도록 만듭니다. 우리가 부정적인 감정에서 자유로울 수 없는 이유이지요.

그런데도 부정적인 감정을 무시하고 억누르려 하면 예기치 않은 부작용이 나타납니다. 바로 감정을 느끼는 능력 자체가 퇴화해 삶을 향한 의욕도 함께 상실한다는 점입니다. 사실 '나'의 입장에서 불쾌와 유쾌를 기준으로 감정을 나눌 뿐, 감정 자체는 부정적인 것과 긍정적인 것이 따로 없습니다. 감정은 에너지 같은 것입니다. 어떤 상황에 처해서 자연스럽게 나타나는 반응입니다. 달콤한 아이스크림을 먹으면 기분이 좋고, 종잇조각을 씹으면 불쾌해지는 것과 비슷합니다. 그리고 감정은 모두 같은 통로를 따라 흐릅니다. 그런데 부정적인 감정을 막아 보겠다고 억누르면, 감정이 흐르는 통로 자체를 막아서 긍정적인 감정을 느끼는 능력이 쇠퇴하고 종국엔 모든 감정이 폭발하고 맙니다.

감정은 생각보다 삶에서 아주 중요한 역할을 합니다. 감정은 생존을 위한 동물적인 욕구이기도 하지만, 의식적인 존재로서 깊은 갈망을 보여 주는 이정표이기도 합니다. 그래서 함부로 억누르거나 무시해서는 안 됩니다.

그렇다면 감정이 우리 삶에서 구체적으로 어떤 역할을 하는지 알아보도록 하지요.

감정은 우리를 행동하게 합니다

앞서 인간과 삶을 자동차와 도로에 비유했습니다. 그 비유를 이어 가자면, 감정은 자동차의 엔진과 같은 역할을 합니다. 자동차를 움직이게 하는 동력이지요.

두려움은 위험한 상황에서 달아나게 합니다. 분노는 정의를 위해 목소리를 높이고 싸우게 하지요. 죄책감은 속죄하게 하고, 슬픔은 한 발 뒤로 물러서서 우리를 치유하게 합니다. 사랑이라는 감정 또한 마찬가지지요. 만약 울고 소리 지르고 똥을 싸 대는 아이에게 사랑을 느끼지 않는다면 무슨 일이 발생할까요? 이처럼 감정은 우리를 행동하게 하는 에너지입니다.

감정을 차단하면 우리는 당장에 필요한 조치를 취하거나 무언가를 간절히 원하지도 않게 될 것이고, 아예 행동하려는 동기도 사라질 것입니다. 의욕 없는 무기력한 삶이지요.

감정은 타인과 소통하게 합니다

친구가 중요한 문제를 논의하기 위해 당신을 찾아왔다고 상상해 보세요. 친구는 눈물이 고인 축축한 눈으로 얼굴을 일그러뜨린 채 고개를 숙이고 앉아 있습니다. 목소리 톤과 말하는 속도 역시 평소와 다릅니다. 이런 단서들은 친구에게 심각한 문제가 생겼음을 알려 줍니다. 심지어 말보다 더욱 강력한 효과를 발휘합니다. 당신은 평소보다 더 친구의 말에 진지하게 귀를 기울이게 되지요.

반대로 당신이 친구로부터 위안을 바라는데, 친구가 아무런 감정을 표현하지 않는다면 어떨까요? 아무리 좋은 말로 대꾸해도 당신은 별로 이해받는다고 느끼지 못할 것입니다. 왜냐하면 의사소통의 상당 부분은 감정을 공유함으로써 이루어지기 때문이지요.

감정을 표현하는 행위는 언어 능력을 습득하기 전부터 모든 문화에서 보편적으로 나타납니다. 미소는 행복을, 눈물은 불행을 의미한다는 것을 일일이 가르칠 필요가 없지요. 감정 표현은 언어라는 장벽 너머로 우리를 하나로 묶어 줍니다. 그러므로 감정을 차단할 경우 우리는 의사소통과 연결이라는 핵심 퍼즐 조각을 잃게 됩니다.

감정은 깊은 욕구를 반영합니다

감정은 우리가 정말로 아끼고 소중하게 생각하는 것이 무엇인지를 말해 줍니다. 살다 보면 몇 차례 중요한 선택의 순간이 찾아옵니다. 타인의 시선이나 세상의 가치가 아닌, 자기가 진심으로 원하는 바를 따라가야 하는 순간입니다. 그리고 오직 우리 자신만이 그것을 짐작할 수 있습니다. 아무리 가까운 친구나 가족이라도 그 판단을 대신해 주지 못합니다.

만약 감정을 차단하면 우리 마음속에 존재하는 깊은 욕구를 파악하지 못하게 됩니다. 그래서 감정에 귀 기울이는 법을 배워야 합니다. 자신의 진짜 소명, 목적, 추구하는 삶의 방향을 보여 주는 단서를 찾을 수 있도록 말입니다.

나쁜 감정이 든다고
곧 나쁜 사람이 되는 것은 아니다

지금까지 감정의 역할과 부정적인 감정도 함부로 억눌러서는 안 되는 이유를 살펴보았습니다. 이쯤 되면 이렇게 말하는 독자들도 있을 수 있겠지요. "음, 나와는 상관없는 문제야. 나는 내가 느끼는 감정을 확실히 안다고!"

그런데 자기 감정을 있는 그대로 느끼는 일이 생각보다 간단치 않습니다. 불편한 감정을 처리하기 위해 그 위에 다른 감

홀로서기 심리학

정을 덧씌우는 경우가 많기 때문이지요. 그리고 사람들은 덧씌워진 감정을 자신의 진짜 감정으로 착각합니다. 그 결과 풀지 못한 마음의 문제는 더욱 꼬이고, 진정으로 원하는 목표를 세우기가 어려워집니다.

개빈은 어린 시절부터 겪고 있는 우울증 때문에 저를 찾아왔습니다. 그는 의욕이 전혀 없었고 매사 무기력했습니다. 가끔은 죽고 싶다는 충동 때문에 괴로워했습니다. 개빈은 알코올중독자 부모로부터 오랫동안 정서적으로 학대당했습니다. 방치는 물론, 개빈이 자신의 욕구를 주장하면 부모는 그를 조롱하거나 어떤 식으로든 처벌을 가했지요. 이렇게 험한 환경에서 자라 온 개빈은 자신을 사랑받거나 행복할 만한 가치가 없는 사람으로 인식하게 되었습니다.

그런데 상담을 하면서 개빈의 무기력을 자세히 들여다보니, 그 안에 감추어져 있던 진짜 감정들이 발견되었습니다. 언제나 냉소적이고 회피하는 태도를 보이던 그의 가슴속에는, 실은 뜨거운 분노가 자리 잡고 있었습니다. 자신을 사랑해 주기는커녕 학대로 일관한 부모에 대한 원망의 감정이 활화산처럼 들끓고 있었지요. 그러나 분노를 표현했다간 부모에게 정말로 버림받을지도 모른다는 불안과 두려움 때문에 이를 억압하는 버릇을 들이게 되었습니다. 즉 개빈의 감정 습관은 분노를 슬품, 좌절, 무기력으로 포장하는 것이었습니다. 그러는 것이 더 안전하다고 느꼈으니까요.

치료가 거듭될수록 다행히도 개빈은 분노라는 진짜 감정을 정당하다고 생각하게 되었고, 이를 건강하고 효과적으로 주장하는 법을 배우기 시작했습니다. 만약 무기력을 진짜 감정으로 착각했다면 일어날 수 없는 진보였지요.

슬픔이라는 감정에 분노를 덧씌우는 경우도 흔합니다. 어느 날 한 부인이 저를 찾아왔습니다. 교양 있는 그 부인은 강아지를 산책시키던 도중에 강아지 목줄이 잘못 채워졌다고 지적하는 행인에게 심한 욕설을 내뱉었다고 합니다. 그뿐만이 아닙니다. 아주 사소한 일로 남편과 친구들에게 지나치게 화를 내는 경우가 늘었습니다. 원래 감정을 잘 절제하던 사람이었기에 자신의 과격한 모습에 놀라 어떤 문제가 생긴 건 아닌지 알아보기 위해 상담을 요청했지요.

알고 보니 그 부인은 3년 전, 소중한 딸을 오랜 병치레 끝에 먼저 하늘로 떠나보냈습니다. 딸의 죽음이 어느 정도 예견되어 있던 터라 부인은 장례식을 잘 치르고 머지않아 일상에 복귀할 수 있었습니다. 하지만 담담해 보이던 그녀의 가슴속에는 슬픔이 가득했습니다. 딸의 죽음을 인정할 수 없었고 자기에게만 찾아온 비극이 불공평하다고 느꼈지요. 하지만 체면을 중시하는 분위기에서 자라 온 그녀는 목 놓아 울지 못한 채 슬픔을 꾹꾹 눌러 놓았습니다. 결국 그 슬픔은 분노로 터져 나왔고요.

감정은 죄가 없다, 감정에 대한 나의 감정이 문제일 뿐

사실 감정 자체는 잘못이 없습니다. 다만 감정에 대한 감정이 문제를 일으킬 뿐이지요. 부모에 대해 분노를 느끼면 '못 돼 먹은 자식'이라고 생각하기 때문에 분노를 감춥니다. 슬픔을 표현하는 것은 '몰상식한 짓'이라고 생각하기 때문에 슬픔을 감춥니다. 하지만 제아무리 다른 감정으로 잘 포장해 놓아도 진짜 감정은 숨겨지지 않습니다. 어떤 방식으로든 그 모습을 드러내고 말지요. 그러므로 감정에 대해 옳고 그름, 좋고 나쁨을 자꾸만 판단하려고 하지 마세요.

분노를 느낀다고 해서 나쁜 사람이 되는 것은 아닙니다. 분노를 행동으로 옮겼을 때 나쁜 사람이 되는 것이지요. 슬픔을 느낀다고 해서 약한 사람이 되는 것은 아닙니다. 슬픔에만 잠겨 있기를 선택했을 때 약한 사람이 되는 것입니다. 그러니 자기가 느끼는 감정에 솔직해져도 됩니다. 그것 이외에 인생을 제대로 사는 방법은 없기 때문입니다.

내 안의 분노와
평화롭게 지내는 법

그렇다면 마지막 단계로 어떻게 하면 감정과 마주하고 그것을 잘 다룰 수 있는지 그 방법에 대해 알아볼게요.

첫째, 감정에 너무 의미를 부여하지 마세요. 감정은 일시적인 현상입니다. 격하게 튀어나오는 감정도 마찬가지입니다. 그냥 내버려 두면 알아서 사그라듭니다. 반대로 자꾸 생각하고 의미를 부여하고 판단할수록 감정은 날개를 단 듯 더욱 활개를 칩니다. 감정이 부정적인 생각을 줄줄이 끌고 오는 것이지요.

'이런 일로 화를 내다니, 나는 너무 나약해'라거나 '저따위로 행동하다니, 저 사람 나를 무시하나?' 같은 것들이 감정에 날개를 달아 주는 생각입니다. 그런데 잘 따져 보세요. 감정이 나와 타인에 대한 평가로까지 이어져야 할 필연적인 이유가 있나요? 화를 내면 나약하다는 판단의 근거는 정확한가요? 나를 잘 모르는 사람이 굳이 나를 무시해야 할 이유가 있나요? 없습니다. 그러므로 '아, 내가 화가 났네' 하고 담백하게 대응해 보세요. 그러면 소용돌이치던 감정도 차차 잦아들면서 알아서 멈춥니다.

둘째, 긍정적인 감정과 부정적인 감정을 따로 구분하지 마세요.

감각의 동물인 우리가 유쾌와 불쾌를 느끼는 건 당연합니다. 그런데 특정 감정을 묶어 좋은 것과 나쁜 것으로 구분하는 일은 단순히 감각의 영역에 국한되어 일어나지 않습니다. 거기에는 판단이 개입하지요. 그리고 판단은 대체로 편견에 의해 좌우됩니다.

불교에서 예로부터 전해 오는 우화가 있습니다. 시각장애를 가진 여섯 사람이 모여 코끼리를 가운데 두고 설전을 벌입니다. 코끼리의 정체에 대해서 말입니다. 첫 번째 사람이 몸통을 만지며 말합니다. "이건 거칠고 거대한 벽 같은 짐승이라네." 그러자 두 번째 사람이 이빨을 만지며 응수합니다. "아니야. 창처럼 날카로운 동물이야." 세 번째 사람은 코를 만지며 이렇게 말하지요. "둘 다 틀렸어. 이건 뱀 같아." 네 번째 사람은 코끼리 다리를 만지며 "나무같이 둥글고 높은데"라고 말하고, 다섯 번째 사람은 귀를 만지며 "아니야. 꼭 부채 같아"라고 말합니다. 마지막으로 여섯 번째 사람은 꼬리를 붙들고는 "다 틀렸어, 이건 밧줄 같은 동물이야"라고 소리칩니다. 그러고는 하루 종일 자기가 옳고 나머지는 모두 틀렸다며 말싸움을 합니다.

이 우화는 시야가 한정적이지만 자기 생각이 무조건 옳다고 믿는 인간의 어리석음을 보여 줍니다. 감정을 판단할 때도 마찬가지입니다. 우리는 주로 교육받은 내용과 과거의 경험을 근거로 들어 감정을 구분합니다. 그 근거가 자기 경험에 한정되어 있음에도 한번 편견이 자리 잡히면 사람은 그에 부합하는 증거만 모으게 됩니다. 결과적으로 편견에 근거해서 감정을 판단하게 되지요.

그러므로 감정에 대해서는 판단의 잣대를 들이밀지 마세요. 앞서 말했듯 감정은 에너지이고 일어났다가 사라집니다. 감정에 대한 잘못된 판단과 집착은 결국 부정적인 감정을 억누르고 감추는 습관으로 이어집니다.

셋째, 감정이 드는 순간 알아차리는 훈련을 해야 합니다. 감정이 판단으로 연결되는 과정은 매우 자동적이어서, 그 고리를 끊기란 쉽지 않습니다. 끊기는커녕 약화시키는 것조차 힘들지요. 그래서 지속적인 훈련이 필요합니다. 먼저 감정이 드는 순간 알아채야 합니다. 그래야 자동적으로 반응하지 않지요. 그러려면 '감정을 느끼는 나'에게서 한 걸음 떨어져서 그것을 '관찰하는 나'의 힘을 키워야 합니다. 마음챙김에서 명상을 권유하는 이유이기도 합니다. 명상을 할수록 '관찰하는 나'의 힘이 세져서 감정이 일어나는 순간 먼저 그것을 살피게 되고 즉각 반응하기 전에 조절할 수 있게 됩니다.

감정, 어느 때는 내 것 같다가도 어느 순간 내 것이 아닌 듯할 때가 많습니다. 마음대로 되지 않는 세상을 살아가자니 의도치 않게 불쾌한 감정들이 튀어나오는 것은 어쩔 수 없습니다만, 그렇다고 해서 감정의 노예로 살아도 된다는 뜻은 아니지요. 감정을 주체적으로 잘 조절할수록 인생을 더욱 주체적으로 살아갈 수 있습니다. 잊지 마세요. 아무리 화가 나는 순간에도 그 분노의 주인은 나 자신입니다.

감정에 휘둘리지 않는 법

너무 감정적으로 행동하는 사람 때문에 곤란했던 경험이 있나요? 특히 힘을 가진 윗사람이 이른바 '기분파'일 때 아랫사람에게 끼치는 해는 이루 말할 수 없지요.

그런데 평범한 우리조차도 너무 쉽게 감정에 의존합니다. "아이가 말을 안 들어서 화가 나", "애인이 전화를 안 받아서 불안해", "재미있는 일이 없어서 따분해" 같은 말을 자주 합니다. 이 말에는 '내가 그런 기분인 건 전부 상황 탓이야'라는 전제가 깔려 있습니다. 이렇게 기분을 정당화합니다.

'기분 정당화' 습관은 결국 삶을 상황에 종속시키게 만듭니다. 앞서 말했듯 살면서 마주하는 사건들은 우리가 통제할 수 없고, 특정 상황에 마주할 때마다 느껴지는 기분대로 행동하면 결국 삶을 주도적으로 사는 게 불가능해집니다. 아이에게, 연인에게, 열심히 살아온 나에게 화를 내고 후회하는 일을 반복하게 됩니다.

기분대로 사는 것을 주체적인 삶으로 착각하지 마세요. 기분도 뜻대로 조절할 수 있어야 진정한 어른으로 살아갈 수 있습니다.

4

그가 무례한 걸까?
내가 예민한 걸까?

"그렇게 말씀하시다니, 너무하시네요!"

목요일 저녁, 상담실을 찾은 에이미가 날카로운 목소리로 말을 이었습니다.

"이해를 못 하신 거 같은데, 제가 없으면 우리 부서는 제대로 안 돌아간다고요!"

그 말에 저는 순간적으로 당혹스러웠습니다. 상담을 시작할 당시 에이미는 오랫동안 바라 오던 유명 출판사에 임원 비서로 취직하게 되어 매우 기뻐했습니다. 그 일을 하면서 출판 경력을 쌓고 훌륭한 인맥을 만들 수도 있었기 때문입니다. 하지만 몇 달 지나지 않아 그녀는 회사에 오래 몸담아 온 고위 직원들과 갈등을 빚게 되었습니다. 그들은 에이미의 업무 스타일이 마음에 들지 않았습니다. 그들이 보기에 에이미는 짧은 경력에 비해 지나치게 자신만만했고, 때로는 고유한 업무 범위를 침범하려는 듯 보였지요. 그들은 그런 불만을 에이미의 상사에게 전했고, 그녀는 그들 때문에 곤경에 처했다며 화를 냈습니다.

우리는 한참 회사 내 갈등과 그 원인에 대해 이야기를 나누고 있었습니다. 에이미는 갑자기 저에게 날카롭게 소리쳤고, 당황한 저는 곧바로 이렇게 말했습니다.

"아, 정말 미안해요. 당신이 맡은 일에 대해 제가 착각해서 화가 났군요. 제가 뭘 착각했는지 자세히 설명해 줄래요?"

사람들은 민감한 부분이 건드려졌을 때 과도하게 반응합니다. 저는 어떤 말이 에이미에게 자극이 됐는지 알기 위해 이렇게 물었습니다. 그 부분이야말로 그녀가 정말로 다루기 힘들어하는 심리적인 문제일 가능성이 컸지요.

"그들이 저보다 회사에 오래 다닌 건 잘 알아요. 하지만 회사를 굴러가게 만드는 건 바로 저라고요. 모두 그 사실을 알아야 해요."

저는 진심을 담아 에이미에게 대답했습니다.

"아, 이제야 제가 왜 헷갈렸는지 알겠네요. 저는 당신이 회

사를 이끄는 사람의 비서라고 생각했는데, 제가 잘못 이해한
거죠?"

"직함만 그런 거라고요! 저는 커피 심부름이나 하고 전화나
받는 그런 단순한 비서가 아니라고요."

에이미는 사람들이 자기의 능력을 과소평가하고 무시할까
봐 두려워했습니다. 그리고 그런 두려움이 느껴질 때마다 능
력을 과시하는 방법으로 해소하려고 했지요. 그리고 그 방식
이 사람들과의 갈등을 일으키는 주요 원인이었습니다.

그를 무례하다고 단정하기 전에
생각해 봐야 할 문제들

누구에게나 건드려지면 특별히 아픈 부분이 있습니다. 평소
에는 아무렇지 않다가도 그 부분이 자극받는 순간 주체할 수
없는 아픔과 분노가 일어납니다. 그 부분은 예전에 생겨났지
만 여태껏 아물지 않은 마음의 상처입니다. 낫지 않은 상처는
살짝만 건드려도 쓰라린 고통을 주지요. 그 고통은 다루기 어
렵기 때문에 상처가 건드려질 기미가 보이면 사람은 곧장 방
어 태세를 갖춥니다. '나에게 상처 입히는 너를 절대로 용서하

지 않겠다'는 듯이 말입니다.

사람들은 상처를 자극한 그에게 어떻게든 죄를 뒤집어씌웁니다. 애초에 상처를 낸 사람이 그가 아니라는 사실도, 그가 의도치 않게 그 상처를 자극했을 뿐이라는 사실도 중요하지 않습니다. 고통과 수치심에 그 사람을 '나쁜 놈'으로 만들고 모든 책임과 잘못을 떠넘깁니다. 더 나아가 보란 듯이 그를 무시하고 깔아뭉갭니다. 그렇게 해서라도 상처 위에 다시금 생채기가 나는 일을 온몸으로 거부합니다. 하지만 그런다고 해서 원래의 상처가 회복되지는 않습니다.

상담을 진행하면서 에이미가 회사가 아닌 다른 상황에서도 무시당한다는 느낌을 받으면 지나치게 화를 낸다는 사실을 발견했습니다. 그리고 그런 행동 패턴이 중학교 때의 경험에서 형성되었음을 알게 되었지요. 에이미는 중학교 시절 심한 따돌림을 당했습니다. 친구들은 에이미의 외모, 옷차림, 성격, 말투 등 온갖 것을 트집 잡아 놀리고 괴롭혔습니다. 에이미가 힘든 하루하루를 견딜 수 있었던 건 곧 학교를 졸업할 거라는 유일한 희망 덕분이었고, 고등학교에 진학하자마자 그녀는 자기가 할 수 있는 모든 것을 바꾸었습니다. 멋진 옷차림과 스타일, 자신만만한 말투, 쾌활한 성격으로 무장했지요.

그때부터 에이미가 겪는 고통은 눈에 띄게 줄었습니다. 친구들도 많이 생겼고, 남자 친구도 사귀었고, 학교생활도 별 탈 없이 잘 해냈습니다. 하지만 아무리 노력해도 자꾸만 중학교 시절의 상처가 모습을 드러냈습니다. 사정상 친구들이 그녀만 빼고 그들끼리 만났다거나, 재미있게 수다를 떨던 친구들이 갑자기 그녀를 보고 이야기를 멈추면 '혹시 내 욕을 하고 있나?' 하는 생각이 들었습니다. 근거도 없이 무시당한다는 느낌이 올라오면 두려워졌고, 자신을 더욱 강하게 포장했습니다. 그러면서도 누군가가 자기를 얕잡아 보는 건 아닌지 늘 예민하게 안테나를 곤두세웠지요.

그런 습관은 지금까지 이어져서, 회사에서도 별것 아닌 일에 지나치게 자기주장을 내세웠고, 그런 태도는 동료들을 불편하게 만들었습니다. 하지만 에이미는 동료들의 불만을 접수할 때마다 상대방의 무례함으로 잘못을 돌렸습니다. 누구보다 열심히 일하는 내게 당신은 그런 말을 할 자격이 없으며, 그런 말을 하는 것이야말로 당신의 능력 부족을 증명하는 것이라고 상대를 깔아뭉갰습니다. 그러나 에이미가 과거의 심한 따돌림으로부터 받은 수치심을 돌아보고 치유하지 않는 이상, 무례를 저지르는 상대만 계속 바뀔 뿐 달라지는 것은 아무것도 없었습니다.

홀로서기 심리학

아주 오래된 상처가
문제일 수도 있다

오래된 상처는 다루기가 힘듭니다. 우선 당사자조차도 상처의 기원을 제대로 파악하지 못합니다. 우리의 아픈 부분은 만 3세 이전에 부모에게 적절한 사랑을 받지 못한 경험, 뼈아프게 배신당했거나 중요한 사람을 잃은 경험 등에서 비롯되는데, 이는 세상에 대한 기본적인 신뢰감을 무너뜨립니다. 그 상처는 너무나 아프고 쓰라려서 우리는 제대로 치료해 보지도 않은 채 묻어 둡니다. 스스로 괜찮아졌다고 생각하면서요.

하지만 우연한 경험이 과거의 상처를 상기시키는 순간, 무의식적으로 자기 보호 본능이 발동해 어떻게든 사태를 수습하려고 듭니다. 가장 쉬운 방법은 과거의 상처를 들춰낸 그에게 책임을 떠넘기는 것입니다. 그가 무례하고 멍청하고 성격이 못돼서 무고한 자기에게 상처를 주었다고 주장합니다. 물론 이 과정은 의식적으로 진행되지 않습니다. 자동적이고 습관적으로 흘러가지요.

그러나 분노하는 상황과 비난하는 대상만 바뀔 뿐, 비슷한 패턴으로 관계를 망치고 있다면 그 원인은 자기에게 있다고 생각해야 합니다. 그가 무례한 게 아니라 내게 예민한 부분이 있다고 판단해야 합니다. 그래야 진정한 변화가 가능합니다.

저는 과거의 상처를 '나'라는 자동차에 탄 '승객'에 비유합니다. 앞서 3장에서 설명한 비유를 기억하는지요. '인생'을 '도로'에, '살아가는 나'를 '도로를 주행하는 자동차'에 비유했습니다. '나'라는 자동차는 '삶'이라는 도로를 출발하는 순간부터 승객을 태우기 시작합니다. 승객은 우리가 살아가면서 마주치는 다양한 경험으로부터 탄생합니다. 어려서부터 부모가 다른 형제와 지나치게 비교를 했다면 '비교로 인한 수치심'이 내 자동차에 승객으로 탑승합니다. 사랑하는 사람에게서 아무런 통보도 받지 못한 채 일방적으로 헤어졌다면 '연락이 닿지 않을 때 안절부절 못 하는 불안감'이 내 자동차에 승객으로 탑승합니다.

이처럼 승객은 우리가 살아가면서 겪는 온갖 사건의 결과로, 우리 내부에 자리를 잡습니다. 평소에 승객은 얌전합니다. 내가 운전하는 자동차에 조용히 앉아 있을 뿐입니다. 하지만 승객이 탑승하게 된 계기와 비슷한 자극을 느끼는 순간, 승객은 갑자기 활개를 치기 시작합니다. 운전자인 나에게 이것저것 요구하는 것은 물론, 소리를 치고 난동을 부리며 운전자를 위협하고 차량을 혼란의 도가니로 몰아넣습니다. 위험을 느낀 운전자는 어떻게든 승객을 말리려고 노력합니다. 이 과정에서 심리적인 습관이 형성됩니다. 에이미가 무시당하는 느낌이 들

홀로서기 심리학

때마다 자기 능력을 과대 포장하고 상대의 무례함으로 책임을 떠넘기는 것도 심리적인 습관에 해당합니다. 운전자는 불편한 생각과 감정을 최대한 빨리, 그리고 저 멀리 내쫓아서 승객을 제자리에 앉히려고 애씁니다. 그렇게 해서 승객이 그 순간에 다시 조용해질 수는 있습니다. 하지만 비슷한 일이 벌어지면 같은 방식으로 운전자를 괴롭히지요.

너무 아파서
화를 내는 사람들

만약 당신이 비슷한 패턴으로 관계에서 문제를 겪고 있다면, 눈앞의 대상에게 분노를 퍼부을 게 아니라 내 자동차에 어떤 승객이 타고 있는지 들여다보아야 합니다. 당연히 쉽지 않습니다. 난동 부리는 승객을 어떻게든 제지하고 싶기 때문에, 승객이 하라는 대로 행동하기 쉽습니다. 그러나 문제의 원인을 승객이 아닌 눈앞의 상대에게서 찾기 시작하면 우리는 많은 것을 잃을지도 모릅니다. 엄한 사람에게 죗값을 물어서 그와 잘 지낼 기회를 잃을뿐더러 원하는 것을 얻지도 못하고, 오래된 상처도 치유하지 못합니다.

클레어는 지금까지 여러 명을 사귀었지만, 언제나 그 기간이 1년을 채 넘기지 못했습니다. 만나는 사람마다 최선을 다했는데도 그들은 한결같이 그녀의 사랑에 숨이 막힌다면서 이별을 고했습니다. 그도 그럴 것이 클레어는 자기가 하는 만큼 상대도 헌신해 주길 기대했습니다. 눈 뜨자마자 전화해 주기를, 퇴근하자마자 만나러 와 주기를 바랐지요. 사랑하는 사람이 조금이라도 연락이 닿지 않거나 무심해진 듯하면 클레어는 불같이 화를 냈습니다.

클레어가 원한 것은 절대로 변하지 않는 굳건한 사랑이었습니다. 그래서 사랑에 목을 매고 사랑을 확인하는 일에 안달복달했지요. 만약 상대가 기대만큼 따라와 주지 않으면 그것은 곧 자기를 사랑하지 않기 때문이라고 왜곡해 받아들였습니다. 클레어의 그런 행동은 누구든 지치게 만들었고, 이별을 통보받으면 그녀는 상대의 변심을 원망했습니다.

그런데 클레어와 오랫동안 상담하면서 그녀의 차에 탄 승객의 정체를 알게 되었습니다. 어린 시절에 사고로 돌아가신 아버지로 인한 상처가 그것이었습니다. 아버지는 평소처럼 클레어에게 인사를 하고 출근했지만 그 길로 사고를 당해 다시는 돌아오지 못했습니다. 가족들은 어린 클레어에게 아버지의 죽음을 한동안 감췄고, 클레어는 나중에야 아버지가 돌아가셨다는 이야기를 듣게 되었습니다. 그렇게 아버지를 잃은 클레어의 상실감은 이루 말할 수 없었습니다. 그녀는 아버지를 향해 '나를 두고 떠나 다시는 돌아오지 않는 사람'이라 울부짖으며 원망과 그리움을 마음 깊은 곳에 간직하게 되었지요.

클레어에게 사랑하는 사람들은 모두 아버지처럼 언젠가 자신을 떠나게 될지도 모르는 사람이었습니다. 그녀는 아버지를 향한 못다 한 사랑과 원망을 전부 만나는 사람을 향해 꽂았습니다. 어찌 보면 그녀의 애인들은 모두 아버지의 대리인에 불과했습니다. 아버지를 대신해 사랑받고, 미움받고, 죗값을 치렀지요. 사실 클레어는 누구보다 사랑하는 사람과 안정된 관계를 꾸려 가고 싶어 했습니다. 하지만 아버지의 죽음으로 인한 상실감과 누구든 아버지처럼 자기를 떠날지도 모른다는 두려움이라는 승객은 애인들의 일거수일투족을 옥죄었고, 결국 이별로 관계를 끝내게 했지요.

더 이상 상처를
두려워하거나 모른 체하지 말 것

에이미의 직장 동료들, 클레어의 애인들 입장에서 보면 상

홀로서기 심리학

당히 억울할 것입니다. 과거에 상처를 준 그들에게 향했어야 할 분노가 애꿎은 자신들을 향해 폭발했으니까요. 승객을 제 대로 파악하지 못한 채 습관적으로 행동하면 현재의 관계가 망가지는 것은 시간문제입니다. 결과적으로 의도와는 다르게 혼자 남겨지는 비극이 발생할지도 모르지요.

그렇다면 승객이 활개를 치려는 순간, 어떻게 행동해야 할 까요? 먼저 분노의 화살이 당겨지기 전에 '일시 정지' 해야 합 니다. 그리고 분노해야 할 대상이 눈앞에 있는 그가 맞는지 확 인해야 합니다. 저는 딱 하루 동안만 생각해 보라고 조언합니 다. 그가 정말로 나에게 상처를 준 사람인지, 오래된 상처를 우 연히 건드렸을 뿐인지를 곰곰이 생각해 보세요. 잘못된 분노 로 인해 그 사람과 좋은 관계를 맺을 수 있는 소중한 기회를 놓 쳐 버릴 수 있습니다.

그리고 승객은 절대로 운전대를 잡을 수 없다는 사실을 명심 하세요. 내 자동차를 운전할 수 있는 사람은 오직 나뿐입니다. 아무리 언성을 높이고 횡포를 부려도 승객은 승객일 뿐이며 절 대로 내 자동차를 몰 수 없습니다. 상처가 너무 아파서 감정이 요동치는 순간에도 어떻게 행동할지에 대한 주도권은 내가 쥐 고 있습니다. 승객에게 압도당할 필요가 없는 이유입니다.

승객의 정체를 확인하고 나서도 승객의 난동을 잠잠하게 만들기까지는 지속적인 노력이 필요합니다. 에이미와 클레어도 마찬가지였습니다. 상처의 근원을 알고 나서도 비슷한 경험에 처할 때마다 불쑥불쑥 올라오는 분노와 억울함을 조절하기까지 상당한 훈련을 해야 했지요. 때론 그 과정에서 아예 승객을 무시하려고도 시도해 봅니다. 승객을 향해 "이제 내 차에서 내렸으면 좋겠어" 하고 말하는 것입니다. 그러나 안타깝게도 한번 올라 탄 승객은 결코 내리는 법이 없습니다. 그것은 이미 과거에 일어난 일을 무효화하려는 헛된 시도일 뿐입니다. 상처를 없는 척하면 상처는 덧나기 쉽습니다.

인생에서 크게 상처받을 일이 없으면 좋겠지만, 만약 상처를 입었다면 그 흔적은 평생 함께 갈 거라고 마음먹는 게 편합니다. 그렇다고 너무 슬퍼하지는 마세요. 잘 치유된 상처는 계속 아프지 않습니다. 상처의 근원을 이해하고, 상처로 인해 습관화된 행동 패턴을 인식하면, 승객은 크게 힘을 쓰지 못합니다. 그러면 승객이 많아도 내 삶을 주도적으로 이끌어 갈 수 있습니다.

어쩌면 승객의 요구 사항은 매우 단순할지도 모릅니다. 그저 자기 존재를 바라봐 주기를 원하는 것이지요. 아직 아파하는 내가 있으니, 그림자처럼 숨어 지내는 또 다른 나에게 신경을 써 달라고 외치고 있는지도 모릅니다. 그러니 자꾸만 같은 패턴으로 관계가 엇갈리고 있다면 아직 치유하지 못한 아픈 부분이 있는 건 아닌지 돌이켜 보길 바랍니다. 상처를 잘 치유하면 상대의 무례를 탓할 일도, 쓸데없이 예민하게 대응하는 일도 줄어듭니다.

내 안의 상처를 현명하게 대하는 법

누구나 마음속에 건드려지면 아픈 부분이 있습니다. 평소에는 인지하지 못했던 상처가 자극되는 순간 나도 모르게 분노가 튀어나오고 상대를 탓하게 됩니다. 하지만 그럴 때는 문제의 원인을 눈앞에서만 찾지 말고 내 안에 오래된 승객이 있지는 않은지 살펴봐야 합니다. 내 안의 상처라는 승객이 있는데, 그것을 파악하지 못하고 습관적으로 행동하면 소중한 인간관계를 망칠 수 있으니까요.

승객의 존재를 확인했다면, 그것이 아무리 지독하고 견고할지라도 승객은 절대 내 차의 운전대를 잡을 수 없다고 스스로에게 주지시켜야 합니다. 상처가 너무 아파 감정이 요동치는 순간에도 어떻게 행동할지에 대한 주도권은 나에게 있습니다. 그리고 상처에 대응하는 습관화된 패턴에서 한 발짝 떨어져서 그것이 일으키는 감정과 생각을 그대로 바라보려고 노력해야 합니다. 쉽지 않지만, 오래된 상처를 현명하게 어루만지는 방법도 결국 관찰하는 힘을 키우는 것입니다.

밀레니얼 세대 중에
완벽주의자가 많은 이유

사람마다 제각각 살아온 삶이 다르므로, 당연히 각자의 차량에 탑승한 승객 명단도 천차만별입니다. 그럼에도 불구하고 비슷한 시기에 태어나 비슷한 사회 문화적 배경에서 자랐다면, 공통적으로 보이는 승객 명단이 존재합니다. 밀레니얼 세대도 마찬가지여서, 1980년대에서 2000년대 초반에 태어난 이들이 비슷하게 겪는 심리적인 어려움이 있습니다.

1. 최고의 결정을 하려다가 결국 아무것도 못 하고 좌절하는 역설
: 완벽주의

현대사회의 특징 가운데 하나가 바로 선택의 자유가 있다는 것입니다. 직업도, 결혼 상대도, 삶의 방식도 신분에 의해 정해져 있던 과거와 다르게, 현대의 우리는 자유의지에 따라 원하는 것을 선택하며 살아갈 수 있습니다. 게다가 기술의 발전으로 밀레니얼 세대의 눈앞에는 그야말로 무한대의 가능성이 펼쳐졌다고 해도 과언이 아닙니다.

그런데 선택의 자유가 그저 달콤하기만 할까요? 너무 많은 선택지 속에서 천직을 찾아야 하는 밀레니얼 세대에게 선택 자체는 어마어마한 스트레스로 다가옵니다. 모든 것이 가능한 세상이기 때문에 가장 좋은 결정을 해야 한다는 압박감이 극도로 높아졌지요. 정말 좋은 백 군데 회사 가운데 하나를 선택해야 한다면 얼마나 어려울까요? 정말 괜찮은 열 명의 후보들 중 단 한 명만 골라 연애해야 한다면 얼마나 머리가 아프겠습니까?

역사상 교육 수준이 가장 높은 세대인 오늘날의 젊은이들은 선택의 자유가 야기한 불안감을 통제하기 위해 완벽주의적인 성향을 보입니다. 최고의 선택이 아니라면 아예 시도하지 않겠다는 태도입니다. 그런데 이런 완벽주의 성향은 외려 비생산적인 결과를 낳습니다. 첫째로 자신의 선택을 완벽한 결과로 만들기 위해 끝없이 스스로를 다그치고 주변을 닦달합니다. 이런 완벽주의는 극도의 피로로 이어질 수밖에 없지요. 둘째는 무슨 일이든 일단 미루다가 막판에 와서 엉뚱한 선택을 하게 됩니다. 최고의 선택을 해야 한다거나 완벽한 결과를 내야 한다는 생각은 곧 막중한 부담감이 되고, 부담감은 일단 미루고 보는 태도로 이어집니다. 그러다가 마감 기한이 닥쳐서야 마음이 조급해져 엉뚱한 선택을 하거나 보잘것없는 결과물을 내놓고 말지요.

만약 선택의 순간이 다가올수록 자꾸만 스트레스를 받고 불안감이 심해진다면, 이 시대의 젊은이들이 대체로 겪는 문제라고 생각하십시오. (물론 선택의 문제를 극도로 예민하게 받아들인다면 다른 치료가 필요할 수 있습니다.) 그리고 최선이 아닌 차선을 선택해도 좋다고 마음먹어 보세요. 차선으로 선택지를 넓히면 하고 싶은 일들이 많아집니다. 그만큼 일단 미루고 보는 습관도 고칠 수 있지요. 완벽한 선택을 하겠다며 꾸물대다가 아무것도 해 보지 못한 채 나이 들어가는 것만큼 어리석은 일도 없습니다.

2. 소셜 미디어로 인한 대혼란
: 비교

소셜 미디어 덕분에 우리 삶은 그 어느 때보다 혁신적으로 바뀌었습니다. 우리는 소셜 미디어를 통해 전 세계의 사람들과 아무런 장벽 없이 소통할 수 있게 되었지요. 그러나 이에 따른 중독성 역시 간과할 수 없는 문제입니다. 프로그래머들은 행동주의라는 과학을 이용해 우리가 내 게시물의 반응을 자꾸만 확인하게 만들었고, 우리는 SNS를 하면 할수록 '좋아요' 수에 열을 올리게 됩니다.

소셜 미디어의 즉각적인 보상은 조급하고 인내력이 부족해지는 문제로 이어집니다. 쉽게 게시물을 올리고, 실시간으로 반응을 확인할 수 있는 조건에 익숙해질수록 우리는 무슨 일이든 더 빨리,

더 쉽게 진행되기를 기대합니다. 좌절과 지루함을 견디지 못하게 되는 것이지요.

소셜 미디어로 인한 가장 큰 폐해는 두말할 것 없이 '비교'입니다. 늦은 밤 친구의 SNS를 둘러보면서 질투나 외로움을 느꼈던 경험을 떠올려 보세요. 특히 아직 경험이 쌓이지 않아 성공에 대한 객관적인 기준이 없는 젊은 세대일수록 주위를 돌아보며 자신의 처지를 평가하곤 합니다. 행복해 보이는 친구의 피드를 볼 땐 자기에 대한 하향 판단을, 그저 그런 친구의 피드를 볼 때는 근거 없는 상향 판단을 합니다. 이렇게 불필요하게 자기 개념이 자꾸 흔들리면 결국 내가 나로부터 소외되는 감정이 생겨나지요.

이 문제에 대한 저의 대답은 간단합니다. 소셜 미디어를 가능한 한 멀리하세요. 사람의 정신을 산만하게 하니까요. 그럴수록 우리가 승객을 파악하기가 어려워집니다. 즉 감정적인 습관대로 행동할 가능성이 커집니다. 소셜 미디어를 끊고 의식적으로 내부를 들여다보는 훈련을 할수록 비교라는 승객의 난동으로부터 자유로워질 수 있습니다.

3. 친구 같은 부모가 늘 좋지만은 않은 이유
: 의존

지난 수십 년 동안 양육 스타일은 크게 변화했습니다. 오늘날 젊은이들 대부분이 가족과 상당히 가까우며 부모를 권위적인 대상보다는 친한 친구처럼 생각한다고 말합니다. 어려운 일이 생기거나 중요한 선택을 해야 할 때, 그들은 부모에게 먼저 조언을 구합니다. 그만큼 요즘 부모는 경험과 경제력 면에서 자녀들을 능가하고 있습니다.

그런데 친구 같은 부모가 좋기만 할까요? 자녀에 대한 전폭적인 지원에도 불구하고 요즘 젊은이들의 자존감은 과거에 비해 낮은 것으로 조사됐습니다. 그도 그럴 것이, 자존감이란 나는 사랑받을 만한 존재이며 웬만한 어려움은 스스로 극복할 수 있다는 자신감입니다. 그런데 부모가 대신 나서서 장애물을 제거해 왔다면 어떻게 될까요? 제힘으로 역경을 헤쳐 나가는 경험을 쌓지 못했을 것이고, 자연히 자존감을 키울 기회도 얻지 못했을 것입니다.

낮은 자존감은 자꾸 확인하려는 행동으로 이어집니다. 불안하거나 확신이 없을 때 친구나 부모 등 타인에게 해법을 묻습니다. 익명의 온라인 커뮤니티에도 물어보고, 열심히 구글링도 합니다. 타인에게 구하는 조언이 유익하기는 하겠지만, 이렇게 불안에 대응하기 위해 자꾸만 확인하는 일은 불안을 계속 가중시킬 뿐입니다. 그 결과 내가 내 삶을 직접 통제할 수 있다는 자신감을 쌓기는 더욱 어려워집니다.

사소한 일이라도 스스로 결정하고 책임지는 연습이 필요합니다. 결정이 어렵다면 선택지와 각각의 장단점을 종이에 적어 보세요. 의외로 답은 쉽게 나옵니다. 왜냐하면 자각하지 못했을지라도 당신은 이미 그에 대해 심사숙고했기 때문입니다. 다만 자기가 내린 판단대로 실행해 본 경험이 적어서 확신이 없을 뿐이지요. 어느 순간에도 나에 대해 제일 잘 아는 사람은 바로 나입니다. 그 자신감을 잃지 마세요.

5

나를 망치는 가장 강력한 적
: 부정적인 생각 습관

  사람들은 갖가지 사연을 들고 제 상담실을 방문합니다. 외도로 결혼 생활을 파탄 낸 남편을 비난하는 부인, 사사건건 통제하고 조정하려는 부모를 원망하는 학생, 중독에 빠진 자녀 문제로 눈물 흘리는 부모…. 상담은 주로 고통을 준 그에 대한 비난으로 시작됩니다. 하지만 모두 약속이나 한 듯 어느 정도 상담이 진행되면 비난의 화살은 딱 한 사람에게로 꽂힙니다. 바로 자기 자신입니다.

  "왜 평생 남편에게 기대고만 살았는지…. 내가 너무 바보 같아요."

  "제가 많이 부족하고 못마땅하니까 부모님이 그러시는 거

겠죠."

"제가 아이에게 너무 많은 상처를 줬나 봐요."

어떤 문제를 겪든 끝내 스스로에 대한 비난으로 결론을 맺는 사람들. 아이러니하게도, 평생을 함께 살아가야 하는 사이인데도 제일 가혹하게 대하는 관계가 바로 나 자신과 맺는 관계가 아닐까 합니다.

우리는 자신을 비난하는 데 매우 익숙한 문화 속에서 살아가고 있습니다. 저도 그랬습니다. 매일 누구보다 일찍 일어났고, 오래 공부했고, 쉴 틈 없이 움직였지만 늘 부족한 것 같았지요. 무언가를 더 해야 할 것 같았고, 더 많은 사람을 만나야 할 것 같았고, 더 많은 경험을 해야 할 것 같았습니다. 저는 늘 속으로 말했지요. '라라, 왜 그것밖에 못 해? 더 잘할 수 있잖아.' 그렇게 스스로를 닦달하면서도 무언가 잘못되었다는 생각은 한 번도 해 보지 않았습니다. 혹시 누군가가 치켜세워 주면 잠시 힘을 얻다가도 곧장 더 잘해 내야 한다는 강박에 어쩔 줄을 몰랐지요.

왜 우리는 나 자신과 좋은 관계를 맺는 방법을 배우지 못할까요? 남들이 나를 안 좋게 생각할까 봐 불안해하다가 어느 순간 남들의 눈치를 너무 보는 내가 싫어지는 게 평범한 우리들의 못된 심보입니다. 나에 대해서만큼은 이래도 불만, 저래도 불만, 온통 불만투성이지요. 정녕 내가 나와 잘 지낼 수 있는 방법은 없는 걸까요?

내가 나를 심판하는 '판사'가 될 때 일어나는 일들

하루에도 수백 번씩 우리는 스스로를 판단합니다. '잘했어', '수고했어' 같은 긍정적인 판단보다는 '왜 그랬지?', '너무 바보 같아'처럼 깎아내리는 판단이 대부분입니다. 의식하지 않은 채 흘러가는 대로 내버려 두면 부정적인 쪽으로 기울어 버리는 우리의 마음. 스스로를 안 좋게 느끼는 버릇은 언제부터 시작되는 걸까요?

모든 생명체에게는 근본적인 불안감이 있습니다. 언제 어떻게 죽을지도 모른다는 불안감이지요. 그런데 이 불안에 대응하는 인간만의 독특한 방법이 있습니다. 인간은 그 어떤 생명체보다 과거를 잘 기억하고 미래를 철저히 대비합니다. 그래서 앞으로 비슷한 위기에 처하면 어떻게 대응할지 미리 계획을 세웁니다. "아, 지난번에 물난리가 나서 가축을 잃었으니, 물난리가 나기 전에 둑을 잘 세우고, 가축을 옮겨야겠다" 하는 식이지요. 이것이 인간이 만물의 영장이라고 불리는 이유이기도 합니다.

하지만 인과관계를 세우는 인간의 능력이 괴로움의 원인이 되기도 합니다. 위험에 대한 불안과 두려움에서 벗어나려고 '~해야 한다', '~하지 말아야 한다'와 같은 강박적 사고를 발전시키는 것이지요. 죽음에 대한 불안이 사라지지 않는 이상 인간은 늘 '지금 이 상태는 뭔가 불완전하다'라고 느낍니다. 그래서 원인과 대책을 찾지요. '뭔가를 더 해야만 해', '그걸 못 하면 난 잘못될 수도 있어'와 같은 생각이 머릿속을 지배하고, 결국 현재의 내 모습은 완전하지 않은, 부족한 상태로 남습니다.

이는 개와 비교해 보면 잘 드러납니다. 개는 주인에게 혼이 나면 시무룩해지지만 주인이 막대기만 들면 곧장 언제 그랬냐는 듯 꼬리를 흔듭니다. 주인에게 혼나면 개도 기분이 나쁘겠지요. 하지만 그때뿐, 자기가 왜 혼났는지, 주인이 자기를 좋아하는지 싫어하는지의 문제로 그리 오래 근심하지 않습니다. 당장 눈앞의 막대기에 온 마음을 집중하지요. 반대로 사람은 부모나 상사에게 혼이 나면 오래도록 기분이 상합니다. 아주 구체적인 이유로 혼이 나더라도 그 사건이 일어난 최종 원인은 대체로 내가 부족해서로 끝나기 때문입니다. '엄마 아빠는 내가 별로인가 봐', '뭐 하나 제대로 하는 일이 없으니까 그렇지', '나 같은 건 이 세상에 없어도 돼'···. 생각은 꼬리에 꼬리를 물다가 혼이 난 직접적인 이유는 어느새 머릿속에서 사라지고, 매사 볼썽사납고 사랑받을 자격 없는 나만 남습니다. 나중에 상사가 맛있는 커피를 권해도 입을 삐쭉 내밀고 즐겁게 먹을 수 없는 상황이 되고 말지요.

그렇다면 개와 인간 중 과연 누가 더 행복한 인생을 살았다고 할 수 있을까요? 미래를 썩 잘 대비하지 못하는 개가 훨씬 일찍 죽을지도 모르겠습니다만, 매 순간 즐겁고 행복했던 개로 죽을 겁니다. 반면에 인간은 훨씬 오래 살아도 늘 자신을 못마땅해하며 자신과 싸우던 불행한 전사로 죽음을 맞이할지 모릅니다.

아무리 열심히 노력해도 부족해질 수밖에 없는 이유

게다가 현대의 자기 계발 풍토 속에서 우리는 스스로에게 더욱 가혹해집니다. 옛날, 모든 이가 공동체에 속해 있던 시절에는 굳이 신분과 능력을 증명해 보이지 않아도 안정된 관계 속에서 웬만큼 삶을 꾸려 나갈 수 있었습니다. 그러나 대부분의 관계망이 깨어진 현대사회에서는 언제나 자신이 문제없는 괜찮은 사람임을 입증해 보여야 합니다. 원만한 성격과 쓸 만한 능력을 갖춘 사람임을 보여 줘야 집단에서 소외되지 않고 사람들에게 사랑받을 수 있고 결국 행복해질 수 있다고 생각합니다. 이런 불안감이 스스로를 더욱 다그치게 하지요.

생각해 보세요. 우리 머릿속에 떠돌아다니는 '되고 싶은 나'는 어떤 사람인가요? 좋은 배우자, 좋은 부모, 능력 있는 직장 선배, 따뜻한 이웃, 훌륭한 인격자… 이런 게 아닌가요? 이렇게 되기 위해 오늘도 열심히 살아가고 있지 않은가요? 문제는 이런 노력에는 끝이 없다는 점입니다. 열심히 공부해서 대학에 입학하면 더 잘하는 친구들이 가득합니다. 그들에게 뒤처지지 않으려고 애써서 좋은 회사에 취직합니다. 그러면 회사에서 또 출중한 능력을 보여야 합니다. 물론 잠시 성취감을 느껴 기분이 좋을 때도 있겠지요. 하지만 대부분의 시간을 부족한 현재의 나를 못마땅해하고 닦달하면서 살아갈 겁니다. 결국 마음속을 지배하는 것은 나에 대한 만족감이 아닌 상시적인 불안과 두려움입니다.

더 훌륭한 내가 되는 것이 나와 잘 지내는 길이 아닙니다. 있는 그대로의 나를 인정하고 사랑하는 것이야말로 나와 사이 좋게 지내는 유일한 방법입니다. 들은 적은 많아도 제대로 배운 적이 없기에 의심이 들 겁니다. 나에게 관대해지면 게을러지고 나태해질 거라고 걱정하지요. '그대로의 나에겐 문제가 많다'는 관념이 워낙 강하게 자리하고 있기 때문입니다. 하지만 진심으로 말하건대, 있는 그대로의 나에게는 문제가 없습니다. 오히려 문제 많은 나를 어떻게든 고쳐 보려는 노력이 훨씬 많은 부작용을 낳습니다.

그럼에도 마음에 들지 않는 내 모습은 어떻게 해야 할까?

언젠가 상담실에 폭식증으로 괴로워하는 소녀가 찾아왔습니다. 어떨 때는 식이조절이 잘 되기도 했지만 스트레스를 조금이라도 받으면 폭식으로 불안감을 달랬습니다. 상담 과정은 순탄치 않았습니다. 상담실에서 그녀는 "맞아요, 그게 제 문제였네요" 하고 집으로 돌아가도 어김없이 폭식을 하고 전날보다 더욱 괴로워했으니까요.

상담이 진전을 보이지 않자, 저는 그녀에게 지금 일어나고 있는 일을 그냥 관찰해 보자고 했습니다. 폭식을 하고 나면 어떤 기분이 드는지 느끼는 대로 말해 보라고 했지요. 한참 뒤 그녀는 "폭식하는 습관을 고치려고 상담까지 받고 있는데, 하나도 달라진 게 없어서 너무 괴로워요"라고 대답했습니다.

이것은 아주 큰 깨달음이었습니다. 폭식을 멈추고 싶은데

자기 힘으로 어떻게 안 된다는 고백이었으니까요. 이 이야기를 들으면 사람들 대부분이 이렇게 말할 겁니다. "아니, 왜 그걸 못 고쳐? 의지가 너무 약한 거 아니야?" 그녀의 마음속에서도 똑같은 반응이 일어났습니다. '폭식하는 버릇도 못 고치다니. 내가 너무 부끄러워.'

이는 잘못을 자기 탓으로 돌리는 태도입니다. 왜냐하면 자기 탓에는 한 가지 이득이 있기 때문입니다. 무슨 일이든 그 원인을 자기 탓으로 돌리면 그 일이 자기 통제하에 있다고 느낌으로써 불안감을 달랠 수 있습니다. 사람들이 자기 비난보다 두려워하는 것이 내 힘으로 어쩔 수 없다는 통제 불능의 상황이지요. 그래서 사람들은 문제의 원인을 자기 잘못으로 돌리는 데 익숙합니다.

그런데 이런 자책과 자기 비난은 연쇄 작용을 일으킵니다. '먹는 것조차 마음대로 조절하지 못하다니. 나는 너무 무능력해.' '상담도 받고 있는데 하나도 변한 게 없잖아. 역시 나는 바보 같아.' '나는 살 가치가 없어.' '아예 사라져 버릴까?' 이런 식으로 폭식이 우울증으로, 심지어 자살 충동으로까지 이어지는 것입니다.

하지만 "폭식하는 습관을 고치고 싶은데, 제 힘으로 어쩔 수 없어요"라고 내 탓하기를 멈추는 순간, 정말 많은 것들이 달라집니다. 폭식이 자기 잘못이 아니라는 것, 다만 자신에게 일어나는 자연스러운 현상이라는 것을 받아들이는 순간 두려움과 수치심이 사라지기 때문입니다. 그때부터 폭식의 원인을 열린 마음으로 다각도로 분석할 수 있습니다. 뚱뚱한 몸매는 그녀의 타고난 유전자 때문일 수도 있고, 알코올중독자 어머니 밑에서 자랐던 가정환경 때문일 수도 있었습니다. 둘 다 그녀의 잘못이라고 보긴 어려웠지요. 그런데 이 사실을 열린 마음으로 받아들이자 그녀는 자책의 연쇄 고리를 끊고 해법을 찾아 실행하는 단계로 나아갈 수 있었습니다.

나를 심판하는 사람에서 나를 돌보는 사람으로

불교에서는 이를 두 개의 화살로 비유합니다. 첫 번째 화살은 살아가는 한 피할 수 없는 화살입니다. 죽을까 봐 두려워하는 것은 살아 있는 생명체로서 어쩔 수 없이 느끼는 필연적인 감정입니다. 남들에게 잘 보이고 싶은 마음도 사회적 동물로서 갖는 자연스러운 욕망입니다. 폭식 때문에 괴로워하는 그녀의 경우를 볼까요? 살이 잘 찌는 체질과 무책임한 부모는 그녀가 처한 환경입니다. 피해 가면 좋겠지만 의지와 상관없이 그녀에게 꽂힌 첫 번째 화살입니다.

첫 번째 화살도 아픕니다. 그런데 정말 아픈 것은 두 번째

홀로서기 심리학

화살입니다. 두 번째 화살은 첫 번째 화살에 대한 대응으로 내가 나에게 쏘아대는 화살입니다. '그깟 일도 제대로 못 하다니, 멍청하군', '바보같이 행동하다니, 다른 사람들이 나를 어떻게 보겠어?', '돈을 내고 상담을 받는데도 달라지는 게 없잖아, 역시 난 뭘 해도 안 돼' 등 어떤 문제에 처했을 때 내가 나에게 내리는 가혹한 판단입니다. 그리고 두 번째 화살은 끊임없이 자기 비난의 화살을 쏘아대지요.

두 번째 화살을 맞으면 사람들은 크게 두 가지로 대응합니다. 첫째는 더 열심히 바쁘게 사는 것이고, 둘째는 자책과 우울의 수렁에 빠지는 것입니다. 누구보다 성실한 자신을 끝내 미워하고 못마땅해하는 모습을 보면 심리 상담가로서 안타까울 따름입니다. 하물며 길을 가다 넘어진 어린아이를 봐도 "아이고, 많이 아프니?" 하고 묻는 게 자연스러운데, 돌부리에 걸려 넘어진 자신에게는 "왜 돌을 못 봤어? 정신을 어디다 쏟고 다니니?" 하고 혼을 내는 것과 마찬가지니까요. 넘어진 것도 서러운데 비난까지 듣자니 얼마나 마음이 아플까요?

당신은 당신의 어떤 면이 마음에 안 드나요? 잘 생각해 보세요. 그게 정말로 당신의 잘못 때문일까요? 무책임한 부모 밑에서, 어려운 환경 속에서 이만큼 살아온 것도 정말 대단하지 않은가요? 인생에 돌부리가 아예 없으면 좋겠지만, 그걸 못 보고 넘어졌다고 해서 그게 당신 탓인가요? 돌부리에 걸렸는데 안 넘어지는 게 더 이상하지 않은가요? 그러니 이제 자기 비난의 쳇바퀴에서 내려오세요. 그리고 자기 자신을 넘어진 아이처럼 대해 보세요. 나를 심판하는 판사가 아니라 돌보는 사람이 되는 겁니다. 넘어지면 "아프겠다, 괜찮아?" 하고 말해 주세요. 앞서 말했듯 있는 그대로의 나에겐 아무런 문제가 없습니다. 그런 나를 자꾸만 문제아로 만드는 두 번째 화살이 진짜 문제입니다.

부모 탓하기야말로
세상에서 가장 허무한 짓

첫 번째 화살을 맞았을 때 대응하는 방식으로, 자기 비난의 화살을 쏘아대는 것만큼이나 자주 등장하는 것이 있습니다. 바로 '남 탓하기'입니다. 남 탓하기의 전형적인 예가 바로 '부모 탓하기'입니다. 부모님이 나를 사랑해 주지 않아서, 혹은 부모님이 나를 너무 통제해서 온갖 나쁜 버릇에 시달리게 되었으므로 이 사태의 책임은 부모에게 있다고 주장합니다.

남을 탓할 때 분노는 고삐 풀린 망아지처럼 튀어 오릅니다.

마음속으로 상대를 나쁜 가해자로, 자신을 힘없는 희생자로 그리고, 그를 향해 날카로운 복수의 칼날을 벼립니다. 때로는 폭언, 폭행처럼 직접적으로 분노를 표출하기도 하지만, 대부분은 상대의 뜻과 반대되는 행동만 해서 속을 긁는 수동적인 공격성으로 표현합니다. 지시한 일을 잊어버린 척 일부러 하지 않거나 망친 후에 왜 그랬냐고 다그치면 "나는 원래 그런 일에 서툴러요" 하고 대꾸하는 식입니다.

첫 번째 화살에 대한 대응으로 다른 사람을 탓하고 그에게 분노를 표출하면 그 당시에는 속이 후련할지도 모르겠습니다. 하지만 이것도 아주 잠시뿐입니다. 화살의 책임을 특정한 누군가에게 돌리는 이상 분노의 불길은 끝내 사그라들지 않습니다. 인생의 돌부리가 나타날 때마다 "내가 이렇게 된 건 당신 때문이야"라는 레퍼토리를 반복 재생하겠지요. 더욱 나쁜 점은 그가 잘못을 시인하고 용서를 구하기 전까지 내가 겪는 나쁜 습관과 고통은 그대로라는 점입니다. 물론 그가 당신 뜻대로 진심을 다해서 잘못을 뉘우치면 좋겠지만, 그것을 어떻게 장담하나요? 그의 뉘우침을 기다리는 동안 정말로 희생당하는 것은 현재 우리의 소중한 삶입니다.

사실 따지고 보면 우리가 탓하는 그 사람도 희생자이기는 마찬가지입니다. 자녀를 방치하는 부모의 과거를 거슬러 올라가 보면 그들 역시 학대당한 경험이 있는 경우가 많습니다. 자녀에게 엄격한 부모의 과거를 거슬러 가 봐도 마찬가지입니다. 어쩌면 나를 아프게 한 그 역시 어떤 면에서 상처받은 사람일 뿐입니다. 그렇다면 우리가 정말로 책임을 전가해야 할 사람은 누구일까요? 과연 책임 전가에는 끝이 있는 걸까요?

현재 겪고 있는 심리 문제를 주도적으로 해결해 보려고 한다면 남을 탓하는 행동도 멈춰야 합니다. 부모가 무책임했던 것도, 상사가 멍청이인 것도, 회사가 개인을 신경 쓰지 않는 것도, 기성세대가 경제를 파탄 낸 것도 전부 옳은 말입니다. 하지만 여기에서 멈춘다면 내 삶이 달라질 게 없습니다. 부모가 용서를 구할 때까지, 회사가 달라질 때까지, 사회가 정의롭게 바뀔 때까지 원망하며 기다리는 일뿐이지요.

우리가 누군가를 탓하는 진짜 이유는 무엇일까요? 마음에 들지 않는 내 행동, 습관, 기분을 정당화하고 싶기 때문입니다. 부족한 내 모습을 바라볼 때 느끼는 불안과 두려움을 남 탓하기를 통해 해소하고 싶은 것입니다. 그렇다면 굳이 남을 탓할 게 아닙니다. 나를 자꾸만 못나고 부족하게 보는 차가운 그 시선을 고치면 됩니다. 아직은 어렵게 느껴질지 몰라도 '있는 그대로의 나 자신에겐 아무런 문제가 없다'고 온 마음으로 느끼는 순간, 다른 사람을 탓함으로써 스스로를 정당화하려는 허

홀로서기 심리학

무한 시도도 자연스럽게 사라질 것입니다.

부정적인 생각 습관에서
벗어나기 위해 가장 먼저 해야 할 일

나를 깎아내리는 부정적인 생각 습관에서 벗어나 있는 그대로의 나 자신을 인정하고 받아들이기. 이 말을 들으면 사람들은 대부분 두려움을 느낍니다. 더 이상 아무런 노력도 하지 않는다는 의미로 받아들이기 때문입니다. 즉 나의 부족함, 게으름, 나태함을 그냥 승인하고 묵과하는 태도라고 생각합니다.

하지만 그저 내버려 두는 것(승인)과 적극적으로 받아들이는 것(수용)은 다릅니다. 수용은 상황에 효과적으로 대처하고 변화를 꾀하기 위해서 세상을 있는 그대로 받아들이는 것입니다. 주어진 상황을 마냥 바라봐야만 하는 승인과는 다르지요. 이는 어린아이를 키우는 것과도 비슷합니다. 아이를 잘 기르는 부모는 아이가 하는 대로 내버려 두는 부모가 아닙니다. 온정 어린 마음으로 아이에게 공감하되, 아이가 가야 할 길을 정확히 비춰 주는 부모이지요.

내가 나를 대할 때도 좋은 부모가 아이를 대하듯 해야 합니다. 그렇다면 좋은 부모는 구체적으로 어떻게 행동할까요? 어린아이가 탄 차를 운전하고 가야 하는 경우를 예로 들어 볼게요. 차가 출발한 순간 갑자기 아이들이 심술궂게 행동하기 시작합니다. 운전석에 앉은 부모는 불안감, 두려움, 짜증 등 갖가지 감정을 느낄 겁니다. 이때 좋은 부모는 뒷좌석에서 난동을 부리는 아이들에게 어떻게 반응할까요?

A 속으로 욕설을 퍼부으며 아이들에게 소리친다. "조용히 못 하니? 벌서고 싶어? 도대체 뭐가 문젠데? 진짜 한심하다!"

B 무시한 채 아무런 대꾸도 하지 않는다. 손가락으로 귀를 막거나 아이들의 목소리가 들리지 않도록 라디오를 크게 켠다.

C "맙소사! 알았어. 알았다고!" 아이들이 원하는 대로 해 준다.

D 차를 세우고 뒷자리로 가 아이들이 조용해질 때까지 진정시키고 달랜다.

E 공감하는 태도로 아이들이 화가 났음을 인정하며 계속해서 목적지로 향한다. "그래. 너희들이 답답한 건 나도 알아. 하지만

홀로서기 심리학

우리는 계속 가야 해."

A와 B는 아이들의 요구를 무시하는 반응입니다. 돌부리에 걸려 넘어졌는데 "그게 뭐가 아프다고 그러니? 어서 일어서!" 하는 것과 마찬가지입니다. 이런 대우를 받으면 상당히 기분이 나쁘고, 이해받지 못한다는 느낌이 들 겁니다. C와 D는 아이들의 요구에 지나치게 예민한 반응입니다. 아이들의 요구를 전부 들어주고 감정이 내킬 때까지 기다리다가는 차는 영영 목적지에 도착하지 못할 테지요. 현명한 부모는 E처럼 행동합니다. 아이들의 불편에 공감하지만 차를 쉽게 멈추지 않습니다. 우리가 왜 목적지까지 가야만 하는지를 주지시키고 행동으로 옮기지요.

어른으로 성장한다는 것도 마찬가지입니다. 자기가 처한 현실과 자기 자신을 있는 그대로 인정합니다. 안타까운 일을 겪을 수밖에 없었던 나에게 진심 어린 위로를 건넵니다. 그리고 더 이상 나와 타인과 세상을 탓하는 데 에너지를 낭비하지 않습니다. 그 에너지로 앞을 향해 나아갑니다.

이렇게 되면 내가 나에게 관대해집니다. 그리고 타인을 따뜻하게 대할 수 있게 되지요. 또 성취나 관계 면에서 세상살이가 훨씬 부드러워집니다. 그러고 보면 후회 없는 인생이 먼 미래에 있는 꿈이 아닙니다. 그것을 성취하기 위해 닦달하고 다그치면서 앞으로만 달려갈 필요도 없지요. 지금 내가 나를 어떻게 바라보고 대하느냐에 달린 문제이기 때문입니다.

끊임없이 나를 평가하는 습관에서 벗어나는 법

우리는 자신에게 만족하기보다는 끊임없이 평가하고, 부족함을 자책하는 데에 익숙합니다. 오래전부터 인류는 늘 재난 상황에 대비하고 발 빠르게 대처해야 했는데, 그러한 습성이 지금까지 이어졌기 때문이지요. 그런데 이 습성으로 인해 자꾸만 자신이 어딘가 부족하다고 느끼고 '~를 해야 한다' 또는 '~를 하지 말아야 한다'는 식의 강박적 사고를 가지게 되었습니다.

하지만 자기를 자꾸 고치고 보완하려 애쓰다 보면 오히려 부작용이 생깁니다. 자기 평가를 멈추고, 있는 그대로의 자신을 받아들이고 바라봐 주세요. 자기 탓을 멈추는 순간 나에게 문제가 있는 것이 아니라 주변 환경, 부모님 등의 다양한 요인이 영향을 주었음을 알게 되고, 비로소 문제의 원인을 다각도로 살필 수 있게 됩니다. 그렇게 열린 마음일 때 진짜 해법을 찾을 수 있게 됩니다.

또 내가 나를 대할 때는 좋은 부모가 어린 자식을 다루듯이 대해야 합니다. 나 자신을 엄격한 판사의 눈이 아닌, 어린아이를 대하는 따뜻하고 바른 부모의 눈으로 바라봐 주세요. 사람은 그런 눈으로 자신을 다룰 때 비로소 안정을 되찾고 힘차게 앞으로 나아갈 수 있습니다.

Part 2

하루에도 몇 번씩 바뀌는
기분에 휘둘리지 않으려면

:감정 편

6

내 감정의 패턴을
아는 것이 먼저다

누구에게나 감정 조절이 안 되는 취약한 부분이 있습니다. 일에서만큼은 냉철하고 현명하게 판단을 내리는 사람이 부적절한 사랑에 빠져 허우적댑니다. 부드럽고 유연하게 대인 관계를 이끌어 가는 사람인데 가정에서 배우자와 자녀를 대할 때는 상처 주는 말을 밥 먹듯이 내뱉습니다. 매사 유쾌한 사람이 자기를 평가하는 말에는 갑자기 날을 세우고 예민하게 반응합니다. 자기도 모르게 그러기도 하고, 그러고 싶지 않은데 행동이 앞서기도 합니다. 4장에서 살펴본 '내 차 안에 탄 승객'이 자극을 받는 순간이지요.

차 안에 탄 승객이 저마다 다르기 때문에, 사람들은 같은 일

홀로서기 심리학

을 겪고도 각기 다른 반응을 보입니다. 다른 사람들은 부드럽게 넘어가는 문제 앞에서 유독 요동치고 흔들리는 감정 때문에 당황했던 적은 없나요? 보통은 분노하지 않는 상황에서 거세게 화를 내는 자신에게 실망한 적은 없었는지요. 어떤 상황에서든 감정적으로 휘둘리지 않고 모나지 않게 행동할 수 있다면 좋겠지만, 그런 사람은 세상에 없습니다. 누구나 남들에게 없는 나만의 예민한 구석을 지니고 있습니다. 그 부분 때문에 비슷한 상황에서 비슷한 반응을 보이고 후회하는 시나리오가 반복되는 것이고요. 즉 타인과 다른 나만의 감정 패턴이 있다는 뜻입니다.

그러므로 자신만의 감정 패턴을 파악하는 일은 매우 중요합니다. 어떤 감정이 나도 모르는 사이에 후회하는 행동으로 이어진다면, 그 감정을 유발하는 요인이 무엇이고, 어떤 과정을 거치는지 차근차근 살펴봐야 합니다. 특히 예민한 부분을 건드려서 일어나는 감정은 너무 격렬해서, 그것이 느껴지는 순간 마치 한 몸처럼 결합되고 맙니다. 중간에 감정과 분리되어 그것을 인식하고 통제할 힘 자체를 상실하게 되지요. 그래서 감정 패턴을 미리 알고 이에 의식적으로 대응하는 힘을 길러야 합니다.

감정에도
패턴이 있다

니나는 직장에서 누구보다 정확하고 군더더기 없이 일하기로 정평이 나 있었습니다. 하지만 새로운 업무가 주어지면 그녀는 자신이 그 일을 잘 해내지 못할 거라는 생각부터 했습니다. 특히 사람 대하는 것에 약했던 니나는, 처음 알게 된 담당자에게 전화를 해야 할 때면 상대방이 자신을 반기지 않을 거라는 부정적인 생각부터 했습니다. 그럴수록 행동은 느려졌고, 일은 진척이 안 됐으며, 그럴 때마다 그녀를 의아해하는 동료들의 시선에 괴로웠습니다. 사람들은 프로 의식이 투철한 니나가 새로운 업무만 떨어지면 한동안은 지나치게 경직되고 불안해하는 것을 잘 이해하지 못했지요. 게다가 그녀는 그런 상황에서도 동료들에게 도움을 요청하지 않았습니다.

저는 니나에게 당분간 하루를 '관찰자 모드'로 살아 볼 것을 권했습니다. 우리는 종종 문제의 당사자보다 옆에서 지켜보는 사람이 훨씬 현명한 답을 찾는 상황을 목격합니다. 자기 일이 아니라서 감정적으로 분리되어 있기 때문에 상황을 더욱 객관적으로 인식하기 때문이지요. 관찰자 모드가 된다는 것도 비슷합니다. 내가 내 일상의 주인공이 아닌 관찰자 모드에서 자

신을 바라보면, 다른 사람들과 달리 특정한 감정의 패턴을 반복하고 있음을 발견할 수 있습니다. 감정이라는 파도에 무기력하게 휩쓸리는 것과는 완전히 다른 느낌이지요.

하지만 관찰자 입장이 된다는 것이 말처럼 쉽지 않습니다. 자기 일을 마치 먼 곳에서 불구경하듯 거리를 두고 바라보기란 거의 불가능하니까요. 그래서 저는 비교적 간단하게 관찰자 입장이 되어 일상을 바라볼 수 있도록 도식적인 틀을 개발했습니다. 사실, 생각, 감정, 신체 감각, 행동 충동의 다섯 가지 요소로 몸과 마음의 상태를 확인하는 방법입니다. 즉 어떤 상황에서 어떤 생각과 감정이 들었고, 그로 인한 신체 변화는 무엇이며, 어떤 행동을 하고 싶은지를 적는 것이지요.

왜 이렇게 복잡한 방법을 써야 하느냐고요? 우리는 감정에 따른 행동을 매우 자연스럽게 느껴서 거의 의식조차 못 한 채 살아갑니다. 예를 들어 바람이 시원한 가을날, 기분이 좋아져서 옆 사람에게 따뜻한 말 한마디를 건넵니다. 이상할 게 하나도 없습니다. 기분이 좋아서 기분 좋은 행동을 한 것이니까요. 반대의 경우도 마찬가지입니다. 남자 친구가 전화를 안 해서 짜증이 납니다. 헤어져야겠다는 생각이 듭니다. 그런데 자연스러워 보이는 이 과정도 다섯 가지 요소로 나누어 살펴보면 문제를 발견할 수 있습니다.

홀로서기 심리학

사실 : 남자 친구가 전화를 안 했다.

생각 : 그가 예전만큼 나를 사랑하지 않는 게 분명하다.

감정 : 불안하고 화가 난다.

신체 감각 : 쿵쾅대는 가슴, 달아오른 얼굴.

행동 충동 : 당장 헤어지자고 말해야겠다.

문제를 발견했나요? 남자 친구가 전화하지 않는 게 사랑이 식어서라고 단정할 수 없는데도, 생각과 감정은 그것을 기정사실화하고 말았습니다. 여기가 바로 언제나 빠지고 마는 내 마음의 함정입니다. 늘 걸려 넘어지는 지점입니다. 사실 '즐겁다', '슬프다', '화난다', '억울하다' 같은 감정은 다섯 가지 요소가 합쳐져 형성된 인식입니다. 이것을 하나하나 살펴보지 않은 채 뭉텅이째로 인식하면 감정이 드는 즉시 행동이 정당화되고 맙니다. 그가 전화를 안 했으니 화가 나는 게 당연하고 헤어져야 마땅하다는 결론이 납니다. 이는 서로 원하는 바가 아니지요.

다섯 가지 요소로 감정의 패턴을 살펴보면 내 마음의 오류, 잘못 걸려 넘어지는 지점을 발견할 수 있습니다. 그러면 주어진 상황에 자동적으로 반응하지 않고, 의식적으로 행동을 조절할 수 있게 됩니다. 매 순간 선택의 여지가 많아집니다. 그럴수록 인생을 주도적으로 살아갈 가능성이 높아집니다.

나도 모르게 작동하는 감정 패턴부터 파악하라
: 감정 패턴을 읽는 5가지 요소

저는 니나와 에이미에게 자신들의 하루를 관찰하며 다섯 가지 요소를 표에 정리해 보라고 권했습니다. 특히 통제가 어려운 스트레스 상황에서 표를 작성해야 하며, 10~15차례 정도 작성해 보면 어려움을 겪을 때 나타나는 감정의 패턴을 파악할 수 있습니다.

니나의 감정 패턴

구성 요소	내용
상황과 사실 (누가, 어디서, 무엇을)	한 번도 해 본 적이 없는 낯선 업무가 주어졌다.
생각 (받은 인상, 아이디어, 해석, 기억, 예측)	어떻게 해야 할지 모르겠다. 실패할 것이다. 사람들에게 도움을 요청할 순 없다.
감정 (한 단어로 말하자면?)	의심, 불안, 짜증
신체 감각 (체온, 긴장감 등의 변화)	안달한, 긴장한, 뻣뻣한
행동 충동	과제를 파악하고 더 강하게 밀어붙이며 차단한다.

니나는 낯선 업무가 주어지면 항상 부정적인 생각이 앞섰습니다. 새롭거나 예상치 못한 상황에 마주칠 때마다 긴장이 고조되었지요. 이 생각들은 당연히 그녀의 불안감을 증폭시켰습니다. 그러면 몸이 긴장되고 뻣뻣해지기 시작했습니다. 경직이 심해지면 몸이 아파 왔고, 잠시 부정적인 생각에 사로잡혀 다른 일을 하지 못한 채 패닉 상태에 머물러 있곤 했습니다.

니나는 낯선 과제가 주어질 때 미리 적대감을 가지고 자신은 그 일을 해낼 수 없다고 단정했습니다. 즉 '어찌해야 할지 모르겠어'라는 생각을 '실패할 거야'라는 예측으로 섣불리 연결했습니다. 여기가 바로 그녀가 매번 걸려 넘어지는 지점이었습니다. 불확실성을 실패로 바로 연결 짓는 습관이 있었던 것이지요. 이런 부정적인 생각은 불안감을 조성했고, 이는 누구의 도움 없이 혼자서 일을 처리하려는 완벽주의적인 본능을 더욱 강화했습니다. 동시에 유연하고 개방적인 대안은 전혀 떠올리지 못하는 상태가 되었습니다.

니나가 이런 감정 패턴을 형성하게 된 것은 부모와의 관계 때문이었습니다. 그녀의 부모는 불안감이 높았고 딸의 일거수일투족에 관심을 두었습니다. 니나가 부모로부터 자율성을 획득하는 방법은 주어진 일을 완벽히 처리하는 것뿐이었습니다. 그녀는 웬만한 일은 스스로 알아서 완벽하게 처리해야 한다는 강박적인 믿음을 가지고 있었습니다. 도움을 받으면 그에게 자율성을 빼앗길지도 모른다는 잘못된 불안도 심했지요. 그런 습관이 여태껏 남아서 그녀를 괴롭히고 있었습니다. 니나는 통제 불가능한 상황을 가장 두려워했고, 그럴 기미가 조금이라도 보이는 낯선 업무 앞에서 지나치게 움츠러들면서 실패할 거라는 근거 없는 불안에 떨었습니다.

이런 악순환을 반복하지 않으려면 니나는 불안을 실패로 연결하는 '생각'에 제동을 걸어야 합니다. 다행히 그녀는 감정 패턴을 관찰하면서 여러 가지를 깨달았습니다. 낯선 업무가 실패하리라는 걱정과 누구에게도 도움을 구해선 안 된다는 불안은 근거가 빈약하다는 것, 그것은 과거의 경험에서 비롯된 잘못된 인식이라는 점을 이해하게 되었습니다. 또 새롭게 주어진 업무는 그냥 일일 뿐이며, 잘될 수도 있고 실패할 수도 있지만 그로 인해 삶의 통제권을 빼앗기는 일은 벌어지지 않을 거라는 점도 깨닫게 되었지요.

에이미의 감정 패턴

중학교 시절 지독한 따돌림을 경험한 에이미는 무시에 대한 뿌리 깊은 두려움이 있었습니다. 혹시라도 누군가가 자신을 얕잡아 보는 듯하면 강력한 자기 보호 본능이 되살아났습니다. 어떻게든 상대의 꼬투리를 잡아서 무릎 꿇게 만들려고 했지요. '최고의 수비는 공격이다'가 에이미의 무의식적인 신념이었습니다.

이런 태도는 사랑하는 사람에게도 어김없이 나타났습니다. 남자 친구와의 기념일을 축하하기 위한 데이트 자리, 분위기 좋은 레스토랑에서 식사하던 중 둘 사이에 사소한 언쟁이 붙었습니다. 다른 커플이라면 쉽게 넘어갈 수도 있을 만한 일이었지만, 에이미는 달랐습니다. 남자 친구의 말을 그냥 지나치지 못하고 왜곡된 의미를 부여해서 트집을 잡기 시작한 것입니다. 그녀는 "그 말의 저의가 무엇이냐", "나를 무시하는 거냐"라는 식으로 대화를 이끌었고, 결국 둘은 크게 싸우고 데이트는 엉망이 되고 말았습니다.

에이미의 감정 패턴은 다음과 같이 진행되었습니다. 무시당할 것 같은 두려움이 느껴지는 순간 두 가지 생각이 떠오릅니다. 하나는 상대가 다른 사람들처럼 자신을 떠날지도 모른다는 걱정이고, 다른 하나는 자신의 불안을 상대에게 투사해서 그를 별로인 사람이라고 깔아뭉개는 것입니다. 그에 따라 행동 충동도 두 가지로 나타났습니다. 하나는 상대를 어떻게든 굴복시키는 것이고, 다른 하나는 상대가 정말 떠나갈까 봐 지나치게 매달리고 퍼 주는 것입니다. 남자 친구에 대해서도 양

극단의 행동을 번갈아 가며 보였고, 그럴수록 그의 반응은 점점 냉랭해졌지요.

구성 요소	내용
상황과 사실	남자 친구와의 기념일
생각	①그와 함께해서 정말 행복해. 그런데 그가 나를 떠나면 어떡하지? ②그는 별로야. 더 괜찮은 사람을 만날 수 있어.
감정	사랑, 흥분, 의심, 민감, 불안
신체 감각	가빠진 호흡, 찡그린 이마, 두근대는 가슴, 긴장한 어깨
행동 충동	지나치게 퍼 주기, 매달리기, 트집 잡기, 불평하기

에이미는 다섯 가지 요소를 정리하면서 자신의 감정 패턴에 어떤 문제가 있는지 이해하게 되었습니다. 무시에 대한 두려움이 느껴지는 순간 고개를 드는 보호 본능이 비효율적인 생각과 행동 충동을 일으킨다는 것, 사랑하는 사람 앞에서까지 지나치게 자신을 보호하려는 것은 좋지 않은 결과로 이어진다

는 점을 알게 되었습니다. 에이미는 기쁜 일을 의심 없이 그대로 기쁘게 받아들이는 연습이 필요했습니다. 남자 친구와 함께여서 행복하다면 '기분이 좋네, 그렇지만…'이 아닌 '기분이 좋네, 그렇구나!' 하고 좋은 기분을 그저 즐기면 됩니다.

감정과 생각을
사실이라고 착각하지 말 것

앞서 살펴보듯이, 감정 패턴은 '그가 세상을 어떻게 바라보고 있는가'를 반영합니다. 니나는 '내가 모든 일을 완벽히 장악하지 못하면 다른 사람이 나를 장악할지도 모른다'는 믿음으로 세상을 바라보았습니다. 그래서 불확실성 앞에서 심하게 위축되고 경직되었지요. 에이미는 '조금이라도 허술해 보이면 상대가 나를 무시하고 상처 줄 것이다'라는 믿음으로 타인을 바라보고 대했습니다. 그 결과 사랑을 비롯한 대인 관계에서 자주 갈등을 일으켰지요.

당사자가 아닌 제3자 입장에서는 니나와 에이미의 신념이 얼마나 허무맹랑한지 한눈에 보입니다. 하지만 우리라고 해서 아주 다를까요? 안타깝게도 우리는 모두 저마다의 세계관을 통해서 세상과 타인을 바라봅니다. 우리가 반복하는 감정 패턴의 밑바탕에는 '세상은 이럴 것이다', '남들은 이래야 한다', '나는 부족하다' 혹은 '나는 잘돼야 한다' 같은 믿음이 황금률처럼 깔려 있습니다.

사실 인간은 자기만의 안경을 통해 세상을 바라볼 수밖에 없습니다. 불행보다 모호함을 더 두려워하는 인간은 어떻게든 과거를 해석하고 미래를 예측하려고 합니다. 인과관계를 세워서 (즉 자기만의 안경을 만들어서) 세상을 이해하려고 애씁니다. 그 과정에서 자기만의 세계가 형성됩니다. 살아온 경험이 다르고 욕구가 다른 사람들이 각자 '이래야 한다', '저래야 한다'는 믿음을 바탕으로 가상현실을 만드는 것이지요.

문제는 자기만의 가상현실을 세상을 바라보는 무수히 많은 시각 중 하나로 여기지 못하고, 무조건 답이라고 믿기 시작하면서 생겨납니다. 자기 감정과 생각을 명명백백한 사실이라고 착각하면서부터 갈등이 시작되지요. 부모가 바라는 좋은 사람은 부모의 판단일 따름인데 자녀에게 강요하면서 둘 사이 갈등의 골이 깊어집니다. 내가 받고 싶은 사랑도 내 경험치에 따른 자의적인 욕구일 뿐인데, 그것을 해 주지 않으면 사랑이 아닌 것처럼 상대에게 강요하면서부터 둘 사이가 멀어집니다. 나에 대해서도 마찬가지입니다. 내 마음속에 이런 나도 있고

홀로서기 심리학

저런 나도 있는데, 이런 나만 좋고 예쁘다고 여기면서 내 일부를 싫어하고 미워하게 됩니다.

물론 내가 바라보는 세상이 전부가 아니라 일부일 뿐이라는 깨달음은 받아들이기가 쉽지 않고 때론 아프기까지 합니다. 하지만 세상이, 타인이, 내가 하는 일들이 전부 내 뜻대로 이루어져야 정상이라는 믿음을 버리지 않으면 가장 괴로운 사람은 다름 아닌 바로 나입니다. 세상일이 내 뜻대로 진행되어야 할 이유는 단 하나도 없기 때문입니다. 나는 매사가 마음에 안 들고 매번 걸려 넘어지겠지요. 사람들과 자주 갈등을 빚고 세상일에 유연하게 대처하지 못한 채 고집불통이 되는 것도 시간 문제일 겁니다.

통제할 수 있는 것과
없는 것을 구분할 것

인생의 가장 큰 괴로움은 뜻대로 할 수 없는 일을 뜻대로 해보려고 고집을 피울 때 생깁니다. 아무리 자식이라도 부모가 바라는 대로 자라지 않습니다. 아무리 사랑해도 상대에겐 그만의 의지가 있습니다. 하다못해 나조차도 내 의지대로 움직

여 주지 않는데, 타인이 내 마음처럼 행동하지 않는다고, 일이 뜻대로 진행되지 않는다고 짜증을 내고 괴로워하는 것은 얼마나 어리석은가요.

통제할 수 있는 것과 없는 것을 구분할 때 삶은 한층 부드러워집니다. 다행스러운 점은 다른 것은 몰라도 내 마음만은 스스로 통제가 가능하다는 점입니다. 앞서 살펴본 다섯 가지 요소 가운데 '사실'을 뺀 나머지 요소(감정, 생각, 신체 감각, 행동 충동)는 의지에 따라 다르게 인식하고 받아들일 수 있는 여지가 많습니다.

세상과 타인이 뜻대로 안 움직이는데, 내 마음 하나 통제해서 뭐하느냐고요? 그 힘은 예상외로 대단합니다. 마음을 통제하는 일은 자기가 어떤 안경을 쓰고 세상을 바라보고 있는지를 한발 물러서서 관찰하는 것입니다. 감정과 생각이 올라올 때 그것을 있는 그대로 인정하고 바라보는 것입니다. 어떤 상황에 처해서 '화가 난다', '억울하다', '옳지 않다'라는 감정과 생각에 휘둘려 자동으로 반응하는 것과는 완전히 다릅니다. 자기가 쓴 안경을 세상 전체로 착각하는 태도와도 완전히 다르지요. 그렇게 되면 우리는 편견과 집착에서 좀 더 자유로워지고, 자극에 따라 반응하는 삶에서 벗어날 수 있습니다. 행동을 주도적으로 이끌 수 있습니다.

니나는 자신의 감정 패턴을 몰랐을 때 낯선 과제 앞에서 벌 벌 떨어야만 했습니다. 하지만 다섯 가지 요소를 들여다보면서 불확실한 상황에서 위축되는 것은 상황 탓이 아니며, 어려서 부터 형성된 세상에 대한 왜곡된 믿음과 습관화된 패턴이 문 제였음을 알게 되었습니다. 그 결과 더 이상 낯선 과제 앞에서 크게 위축되지 않았습니다. 에이미도 마찬가지였지요. 감정 패 턴을 분석하면서 자기가 얼마나 사람들을 의심하고 경계해 왔 는지를 깨달았습니다. 과거의 상처를 현재의 관계에 대입시켜 선 안 되겠다고 마음먹게 되었고요.

내 마음을 잘 알게 되면 세상을 대하는 전반적인 태도가 변 합니다. 세상은 그대로여도 내 주변의 세상은 진정으로 바뀝 니다. 그것이 내가 통제할 수 있는 것들로 시선을 돌려 진심을 다할 때 일어나는 엄청난 변화입니다.

나를 고쳐 쓰려는 수리공 말고,
있는 그대로 인정하는 따뜻한 관찰자가 돼라

마지막으로 한마디 덧붙이겠습니다. 마음을 통제하라고 하 면 불안, 두려움 같은 감정은 억누르고, 생각의 오류는 수정하 며, 세상에 대한 왜곡된 믿음은 제거하는 것이라고 오해하는 경우가 많습니다. 그런데 감정은 억누를수록 더 튀어 오르고,

생각도 안 하려고 애쓰면 더 떠오르며, 어려서 형성된 세상에 대한 믿음도 단번에 사라지지 않습니다. 이런 노력이 오히려 기존의 세계관을 더욱 강화하는 악효과를 가져오지요.

내 마음을 통제한다는 것은 감정과 생각과 행동 충동을 있는 그대로 바라본다는 뜻입니다. '관찰자로서의 나'를 더욱 키운다는 의미입니다. 휘둘리지 않은 채 그냥 바라보면 감정도 생각도 행동 충동도 모두 알아서 조용해집니다. 억지로 없애려고 할 필요가 없습니다. 내가 의미를 부여하지 않으면 큰 의미 없이 지나가는 일들일 뿐이니까요.

관찰자로서 내 힘을 키우는 것이야말로 자동화된 감정 패턴에서 벗어나는 방법입니다. 억지로 나를 고쳐 쓰려고 하지 마세요. 나는 있는 그대로 나입니다. 마음에 들지 않는 무언가를 바꾸려고 할수록 내 마음도 자꾸만 엇나간다는 사실을 기억하세요.

홀로서기 심리학

나를 망치는 감정 패턴에 이별을 고하는 법

우리의 감정, 생각, 행동 사이에는 일정한 패턴이 있습니다. 그리고 그 패턴은 저마다의 세계관에 근거하여 형성되지요. 보통은 그것을 인식하지 못한 채 살아갑니다. 그래서 비슷한 방식으로 화를 내고 자책하는 일이 반복됩니다. 바꾸고 싶은 심리 습관이 있다면 감정 패턴부터 살펴봐야 하는 이유입니다.

감정 패턴을 살펴보려면 관찰자의 입장이 되어야 합니다. 이때 다섯 가지 요소를 적어 보는 것은 무척 도움이 됩니다. 조금 어색하게 느껴지더라도 꼭 시도해 보세요. 어느 지점에서 자꾸 걸려 넘어지는지 확인할 수 있으니까요.

감정 패턴을 알게 되면 자기 중심성에서 벗어나 조금이나마 객관성을 획득하게 됩니다. '저 사람이 왜 저러지?', '일이 왜 자꾸 꼬이지?' 하면서 괴로워하기보다 '내가 고집을 피우니까 힘든 거지'라고 생각할 수 있게 됩니다. 이는 통제 불가능한 것에서 통제 가능한 것으로 관점을 전환하는 것으로, 그때부터 나를 망치는 감정 패턴은 위력을 잃게 됩니다.

7

가장 조심해서 다루어야 할 3가지 감정
- 무기력, 우울, 불안

성숙한 어른으로 산다는 것은 무엇일까요? 심리 상담가로서 자주 이 질문을 생각해 보게 됩니다. 여러 가지 정의가 가능할 테지만, 그래도 제가 생각하는 어른의 삶은 결국 홀로 단단하게 살아가는 삶, 즉 독립된 삶입니다. 타인에, 세상에, 통념에 지나치게 의존하지 않고 스스로 선택해서 실행하고 책임지는 삶입니다.

그만큼 스스로 선택한다는 것은 매우 중요합니다. 선택은 곧 자존과 관련되어 있기 때문입니다. 선택에는 권위가 담겨 있습니다. 중요한 선택 앞에서 조언이 필요할 때 우리는 그 방면에 경험이 많거나 통찰력이 깊은 사람을 찾아갑니다. 그의

홀로서기 심리학

판단과 권위를 믿고 인정하기 때문이지요. 마찬가지로 스스로 선택한다는 것은 내가 나를 믿는다는 뜻입니다. 내가 나를 잘 알고 있음을, 더 나아가 내가 나를 아끼고 사랑하고 있음을 믿는 것입니다. 그래서 자존감이 높은 사람은 선택을 쉽게 하는 반면, 자존감이 낮을수록 선택을 주저하고 타인에게 권한을 위임하려는 경향이 강합니다.

그렇다면 어떻게 해야 선택을 후회 없이 잘 할 수 있을까요? 이에 대해 재미있는 연구 결과가 있습니다. 뇌에는 '안와 전두피질'이라는 부분이 있습니다. 이 부분은 의사결정 과정에 본능적인 감정을 참여시키는 역할을 합니다. 그래서 이 부분이 손상된 사람은 무엇이든 잘 결정하지 못하는 것으로 드러났습니다. 뇌에서 이성의 기능을 담당하는 부분은 멀쩡하기에 논리적으로 각각의 선택지가 가진 장단점을 따질 수는 있었습니다. 하지만 아무것도 선택하지는 못했습니다. 이것은 사람은 옳다는 생각만으로는 어떤 것도 결정하지 못하며, 옳다는 느낌이 있어야만 무언가를 선택할 수 있음을 보여 줍니다. 즉 선택에 있어 감정은 필수라는 뜻이지요.

앞서 '나'라는 자동차의 엔진이 바로 '감정'이라고 설명했습니다. 감정은 우리를 움직이는 힘이자 방향을 결정하는 데 중요한 역할을 합니다. 그러므로 있는 그대로의 감정을 억압하지 않고 이에 솔직해질수록 선택도 현명하게 잘 할 수 있습니다. 그런데 우리가 감정을 제대로 인식하지 못하게 만드는 상태가 존재합니다. 대표적으로 무기력, 우울, 불안입니다. 이 장에서는 결정을 어렵게 만드는 감정이자, 주체적인 결정을 자꾸만 미루었을 때 더욱 악화하는 감정인 이 세 가지에 대해 알아보려고 합니다.

사람들이 전기 충격보다
더 두려워하는 것

유니버시티 칼리지 런던의 아치 드 베커 박사는 2016년에 사람들이 불확실성을 어떻게 받아들이는지를 연구해 흥미로운 논문을 발표했습니다. 베커 박사는 45명을 대상으로 컴퓨터 게임을 하게 했는데, 참가자들은 모니터에 나타나는 여러 개의 바위 중 하나를 골라 뒤집었을 때 뱀이 나오면 약간의 전기 충격을 받게 되어 있었습니다. 즉 참가자 입장에선 뱀이 없는 바위를 뒤집어야 하는 게임이었지요. 그리고 게임의 수준을 세 단계로 조정했습니다. 첫째는 뱀이 없는 바위를 쉽게 찾아낼 수 있어서 전기 충격을 받을 확률이 0퍼센트에 가까웠습

홀로서기 심리학

니다. 반대로 둘째는 무조건 뱀이 나와서 전기 충격을 받을 확률이 100퍼센트에 가까웠지요. 마지막으로는 언제 뱀이 나올지 모르며 그 규칙 또한 끊임없이 바뀌도록 조정해서 참가자들이 전기 충격을 받을지 말지를 도무지 예측할 수 없게 했습니다.

그리고 연구팀은 참가자들의 스트레스 수치를 실시간으로 측정했습니다. 그 결과 흥미로운 점이 발견되었는데, 무조건 전기 충격을 받은 그룹보다 전기 충격을 받을지 말지 예측할 수 없었던 그룹의 스트레스 수치가 더 높게 나왔던 것입니다. 이 실험을 바탕으로 베커 박사는 사람들이 전기 충격보다 더 괴로워하는 것이 바로 불확실성이라고 설명했습니다. 왜냐하면 부정적인 결과라도 예측이 가능하면 계획을 세워 대비할 수 있지만, 결과 자체가 불확실하면 사람들은 그것이 자신의 통제 범위 바깥에 있다고 여겨서 불안감을 더욱 크게 느끼기 때문입니다.

이 실험이 말해 주듯, 사람들은 불확실성을 무척 꺼립니다. 불확실성을 제거할 수 있다면 무엇이든 하겠다는 태도를 보이기도 하지요. 나쁜 애인과의 연애를 끝내지 못하고, 형편없는 직장을 그만두지 못하는 것도 같은 맥락에서 이해할 수 있습니다. 자기가 처한 상황이 아무리 지옥 같다 하더라도 그 지옥의 풍경은 익숙하기에 견딜 만합니다. 그보다 더 두려운 것이 알 수 없는 미래입니다. 어쩌면 불확실성을 마다하는 인간의 성향상 익숙한 지옥을 선택하는 건 당연한 결정이기도 합니다.

그런데 안타깝게도 현대사회는 점점 불확실성이 확대되는 방향으로 변화하고 있습니다. 옛날에는 윗세대부터 전해 내려오는 라이프 스타일이 있어서 부모가 살던 대로 살면 큰 문제가 없었습니다. 내가 어떻게 살다가 죽을지 대충 짐작할 수 있었지요. 그러나 요즘은 직업, 배우자, 가치관 등 모든 것을 직접 선택해야 합니다. 더 힘든 점은 선택의 결과를 예측하기가 매우 어렵다는 것입니다. 이런 불확실성의 시대에 선택의 자유는 스트레스의 원천이 됩니다. 독일의 심리학자 바스 카스트의 말처럼 "자신의 운명을 스스로 결정하지 못하던 속박의 상황에서 벗어나 끊임없이 결정해야 하는 속박의 상황"에 처하고 만 것이지요.

아무리 뛰어난 심리학자도 대답해 줄 수 없는 질문

그래서일까요. 상담실에는 선택의 문제를 대신 풀어 달라며 찾아오는 사람들이 많습니다. "선생님, 제 성격상 A와 B 중 어느 회사에 지원하는 게 좋을까요?" "지금 만나는 사람과 결혼해도 될까요?" "남편과 이혼하는 게 나을까요? 그냥 사는 게 나을까요?"

이런 질문을 들을 때마다 저는 딱히 대답해 줄 말이 없습니다. 첫째는 인생에서 마주하는 중요한 선택의 문제는 저마다의 답이 있을 뿐이지 옳은 답은 없기 때문이고, 둘째는 제가 대신 결정해 주는 순간 그의 자존이 흔들리기 때문입니다. 성장의 측면에서 보자면 현명한 선택은 결과적으로 좋은 선택이 아니라 무엇이든 스스로 내린 선택입니다. 그 성장의 기회를 제가 빼앗아 버릴 수는 없는 노릇이지요.

사실 묻는 사람들조차도 저에게 특별한 대답을 기대하진 않습니다. 그럼에도 물어보는 이유는 다른 사람 말을 따라 결정하면 책임을 덜 져도 되지 않을까 하고 생각해서입니다. 선택의 결과가 기대보다 못 미칠 때 "내 상담사가 하라는 대로 해서 이렇게 됐네, 실망스럽군" 하고 빠져나갈 공간을 만들 수 있기 때문입니다. 그렇게 해서 선택의 부담이 조금이나마 덜어진다면야 좋은 일이지만, 그보다는 부작용이 더 큽니다. 변명은 중독되기 쉽습니다. 주변을 둘러보면 끝없이 변명을 앞세우는 이들이 있습니다. '자식 때문에, 배우자 때문에, 상사 때문에'를 연발하는 이들입니다. 그러나 냉정히 말하면 그들의 말을 따른 것조차도 자기 선택입니다. 삶을 온전히 자기 책임하에 두지 않으면 우리는 선택의 씁쓸한 결과로부터 아무것도 배우지 못합니다. 잘못의 책임을 나눠 가져야 할 사람들만 늘어날 뿐이지요.

스스로 선택하고 책임져야 하기 때문에, 인생은 어렵고 힘듭니다. 하지만 그 어려운 길을 피해 갈 마땅한 방법도 없습니다. 우리는 삶을 가슴에 끌어안고 각자의 방식으로 불확실성을 돌파해야 합니다. 인생을 뜻대로 한번 살아 봐야 합니다. 그러지 못하면 무의미와 허무, 무기력, 우울, 불안이 남은 삶을 지배하게 될 수도 있습니다.

무기력
: 진짜 하고 싶은 게 뭔지 잘 모르겠어요

앞서 2장에서 살펴본 대로 니나는 대표적인 성 주민입니다. 완벽주의적 성향이 강해 직장 내 인간관계에서 문제를 겪고 있었지요. 이와 더불어 그녀는 최근 들어 아침마다 '내가 왜 이 일을 하고 있지? 내가 정말 원하는 일인가?' 하는 회의감을 느꼈습니다. 니나의 직업은 연봉이 상당히 높았고, 그녀는 회사에서 나름대로 뛰어난 성취를 이루기도 했습니다. 하지만 시

간이 갈수록 일하는 시간이 무의미하고 지루하게 느껴졌습니다. '이렇게 하루가 지나는구나' 생각하는 날들이 늘어만 갔지요. 니나는 행복해지고 싶었습니다. 하지만 어떻게 해야 행복해지는지 도무지 갈피를 잡지 못했습니다.

니나는 감정을 억누르는 분위기의 가정환경에서 자랐고, 부모로부터 자율성을 획득하려는 과정에서 완벽주의적인 성향을 갖추게 되었습니다. 니나는 자기가 하고 싶은 일보다 부모의 불안감을 없애 주는 일, 즉 남들이 좋다고 평가하는 일을 남들보다 잘하는 데 에너지의 대부분을 사용했습니다. 그 결과 니나는 '해야 하는 일' 앞에서는 능숙했지만, '하고 싶은 일' 앞에서는 꿀 먹은 벙어리가 되고 말았습니다. 감정을 표현해 보라고 해도 "괜찮아요"라는 대답이 전부였고, 하고 싶은 일을 말해 보라고 해도 눈빛을 반짝인 적이 없었습니다. 그만큼 감정을 느끼고 읽는 훈련이 부족했지요.

니나처럼 감정 훈련이 부족한 사람들은 자율성이 주어진 환경에 처하면 성취도가 급격히 떨어집니다. 일례로 고등학교에서 좋은 성적을 내던 학생이 대학에 가서 적응하지 못하는 경우를 들 수 있습니다. 고등학교에서는 규칙이 정해져 있고 일관된 기준으로 성적을 평가하지요. 주어진 틀에 따라 하라는 대로 열심히 공부하면 괜찮은 결과를 낼 수 있습니다. 반대로

홀로서기 심리학

대학에 가면 자기가 하고 싶은 공부가 무엇인지, 그것을 어떻게 할 것인지를 스스로 결정해야 합니다. 이때 필요한 것이 감정입니다. 하고 싶은 것이 분명해야 공부 계획을 스스로 세우고 실행할 수 있습니다. 하지만 마음에서 우러나는 'want'를 잘 느끼지 못하는 학생은 무엇을 어떻게 해야 하는지 도무지 감을 잡지 못한 채 대학에서 길을 잃기가 쉽습니다.

또 감정 훈련이 부족한 사람들은 중년의 위기를 크게 겪습니다. '하고 싶은 일'은 내면의 욕구가 동기부여의 원천이지만, '해야 하는 일'은 주로 외부의 당근이 동기를 부여합니다. 중년까지는 성과에 따른 보상, 가까운 사람들의 인정과 칭찬 등 당근이 위기보다 커서 '해야 하는 일'도 즐겁게 할 수 있습니다. 그러나 중년을 넘기면 당근으로는 상쇄되지 않는 위기가 찾아오기 시작합니다. 직장에서 위치가 불안정해지거나, 건강이 나빠지거나, 가정이 해체될 위기에 처하는 등 말입니다. 그때 밀려오는 회의감은 그야말로 어마어마합니다. 지금껏 무엇을 위해 살았는지, 나는 대체 누구인지 하는 근본적인 질문을 던지게 되고, 이때 자기 감정을 느끼고 읽는 훈련이 잘 안 된 사람은 앞으로 어떻게 살아야 할지 방향을 정하지 못한 채 극도의 무력감에 빠지기 쉽습니다.

내가 무기력한 사람들에게 소설책을 권하는 이유

니나의 이야기가 특별하게 들리나요? 그러나 평범한 우리들 역시 감정에 둔감한 채로 자라긴 마찬가지입니다. 두말할 것 없이 교육 과정 자체가 그렇습니다. 이성적으로 올바른 답을 찾는 데 골몰하는 동안 감정을 세세하게 들여다볼 기회는 점점 줄어듭니다. 하고 싶은 일을 선택해서 책임지는 경험을 충분히 쌓지 못한 채, 남들이 옳다는 정답을 좇고 주어진 틀에 따라 살아가는 습관을 자연스럽게 들이게 되지요. 그런 식으로 나만의 감정, 나만의 생각과 점차 거리를 두게 됩니다. 그러고 보면 타인의 감정을 배려하지 못하고 자기 감정조차 제대로 읽지 못한 채 경주마처럼 달려가다가 무기력에 빠진 니나의 모습은 어느 정도 우리들의 모습이기도 합니다.

만약 니나처럼 무엇을 해야 행복한지 도무지 갈피를 못 잡겠다면, 등한시했던 감정 훈련을 다시 시작해야 합니다. 잃어버린 자기 감정과 다시 연결되어야 합니다. 그러나 첫술에 배부를 수 없다고, 감정을 느끼는 굳어 버린 근육부터 풀어 주는 게 우선입니다. 그 첫 번째 단계로 감정을 다루는 뇌의 영역인 변연계를 자극하는 활동을 하면 좋습니다.

변연계를 자극하는 활동으로 제가 추천하는 것은 소설 읽기와 음악 듣기입니다. 소설에는 감정을 다루는 다양한 어휘가

홀로서기 심리학

등장합니다. 그런 어휘를 읽는 것만으로도 변연계가 활성화됩니다. 음악도 마찬가지입니다. 음악을 들으면 다양한 감정이 풍부하게 일어납니다. 이렇게 굳어 버린 감각을 일깨우고 난 후에 감정을 여러 가지 단어로 표현하는 훈련을 하면 좋습니다. 감정을 다루는 어휘가 다양할수록 감정을 담는 그릇도 함께 늘어납니다. 그리고 감정을 담는 그릇이 많아지면 진솔한 감정에 다가가기 쉬워지지요. 슬픔을 분노로 착각하거나 욕구를 두려움으로 잘못 해석하는 일이 줄어들기 때문입니다. 그럴수록 내 마음속의 진정한 'want'가 더욱 선명해질 겁니다.

중심이 되는 감정	다양한 감정 언어
슬픔	소외, 실망, 우울, 비참, 처참
두려움	공포, 불안, 걱정, 압도
화	분노, 짜증, 좌절, 성가심, 초조, 언짢음
혐오	불쾌, 반감, 경멸
시기	질투, 부러움, 깔봄, 미움
당황	수줍음, 창피, 굴욕
후회	죄책감, 죄스러움, 부담스러움
사랑	기쁨, 열정, 애정, 흠모, 염려

우울

: 실패할 게 분명해요

·····························

앞서 2장에서 살펴본 대로 제시카는 대표적인 마을 주민입니다. 마을 주민은 성 주민과는 달리 감정 표현에 능숙하고 타인과 긴밀하게 관계 맺기를 좋아합니다. 하지만 그런 성향이 지나치면 감정 기복이 심해져서 일과 관계에 타격을 받기도 합니다. 한마디로 기분이 좋을 땐 매사에 열정을 보이다가도 기분이 가라앉으면 갖가지 걱정을 하면서 우울에 빠지곤 합니다.

제시카는 자기가 어떤 일을 할 때 행복한지 잘 알고 있었습니다. 그녀는 글을 쓸 때 마음이 차분해지는 느낌을 받았지요. 불안감과 슬픔이 밀려올 때도 글을 쓰면 어느 정도 그 감정에서 헤어 나올 수 있었습니다. 심지어 작가가 되어 유명 잡지에 글을 기고하는 미래의 자기 모습을 상상할 땐 눈물을 흘리기까지 했습니다. 그만큼 작가가 되고 싶다는 마음속 열망이 컸습니다.

하지만 작가가 되기 위해서 해야 하는 일상의 노력에서는 자주 걸려 넘어졌습니다. 제시카는 정기적으로 상담을 하러 올 때마다 이렇게 말했습니다. "글을 쓸 수가 없었어요. 주의를 산만하게 하는 것들이 너무 많았거든요." 어느 날은 남자 친구와 싸워서, 또 어느 날은 엄마와 연락이 닿지 않아서, 아니면 친구와 사이가 틀어져서 글쓰기에 집중할 수 없었다는 겁니다. 그런데 일상의 자잘한 실패는 결국 목표 자체를 흔들어 버립니다. 어느 순간 그녀는 속으로 이렇게 느끼기 시작했지요. '난 작가가 될 수 없어. 분명히 실패할 거야.'

축구나 야구처럼 시즌제로 운영되는 종목에서 감독들이 가장 두려워하는 것이 바로 연패입니다. 아무리 선수들의 기량이 뛰어나도 연패를 당하면 '내일 경기도 질 것 같다'라고 느끼게 되고, 이 느낌이 정말로 다음 날도 패배로 이끈다는 것입니다. 일상에서 자꾸만 실패를 경험하는 것도 이와 비슷한 결과를 낳습니다. 하루하루 실패를 거듭하면 '나는 뭘 해도 안 되는 인간인가 봐'라는 패배감을 학습하게 되고, 이로 인해 내일도 어김없이 실패를 반복하게 됩니다. 이렇게 실패가 쌓일수록 자신이 없어지고 우울한 상태에 빠지게 되지요.

아주 작은 성공 경험이 우울의 강을 건너게 해 준다

그런데 제시카와 상담을 거듭하면서, 왜 그녀가 일상의 실패를 그냥 묵인하는지 점차 그 이유를 알게 되었습니다. 그녀는 무의식중에 자신의 성공을 두려워하고 있었습니다. 미래에 성공한 모습을 상상하면 그렇게 되고 싶다는 열망과 함께 외로움과 불안감에 사로잡혔습니다. 그 두려움이 제시카가 매일 매일 꿈을 위해 노력하지 못하도록 한쪽 발을 잡아끌고 있었습니다.

저는 제시카에게 성공에 따라오는 두 가지 상반되는 감정을 모두 받아들이라고 조언했습니다. 사실 상반되는 감정이 드는 건 아주 자연스러운 현상입니다. 사랑할 때 이별에 대한 두려움이 동시에 오는 것과 마찬가지입니다. 하지만 헤어짐이 무서워서 사랑 자체를 거부하는 사람은 드뭅니다. 언젠가 이별하게 되더라도 현재의 사랑에 온 마음을 쏟는 게 자연스럽지요. 제시카에게 필요한 것도 성공에 따르는 두려움을 인정하되, 하고 싶은 일에 전념하는 행동이었습니다.

이를 위해서는 '하지만'을 '그리고'로 바꾸어 말해 보는 게 도움이 됩니다. 예를 들어 "나도 작가가 되고 싶어, 하지만 글을 쓰는 동안 소중한 사람들과 함께하지 못해서 외로워질까 봐 걱정돼"라고 말하지 말고, 다음과 같이 바꾸어 이야기해 보는 겁니다. "나도 작가가 되고 싶어, 그리고 글을 쓰는 동안 외로워질까 봐 걱정돼." '하지만'을 '그리고'로 바꾸기만 해도 상반되는 두 가지 감정을 모두 자연스럽게 받아들이기가 수월해집니다. 그러고 나면 두려움과 열망 중 하나를 선택해야 한다는 강박관념에서 벗어날 수 있습니다. 즉 두려움을 인정하면서도, 열망에 따라 행동하는 게 가능해지지요.

다음으로 제시카에게 필요한 것이 아주 작은 성공의 경험을 차근차근 쌓는 일입니다. 앞서 이야기했듯 실패도 학습의 결과입니다. 반대로 아주 작은 성공이 쌓이면 '나는 뭘 해도 안 될 거 같아' 하는 패배 의식도 뒤엎을 수 있습니다.

작가가 되기 위해 바로 장편소설을 쓰겠다고 마음먹으면 실패할 확률이 크지만, '오늘 뭐라도 딱 한 페이지만 쓰겠어' 하고 마음먹으면 그날만은 작가로서 성공할 확률이 훨씬 높아집니다. 이렇게 할 수 있는 일을 아주 작은 단위로 계획해 보세요. 한 페이지 쓰기가 힘겹게 느껴지면 쓰고 싶은 주제와 관련한 단어만이라도 나열해 보는 것이 좋습니다. 보잘것없는 성취라도 일단 해 보는 게 정말 중요하기 때문입니다. 그 성취감이야말로 결국엔 우울의 강을 건너게 해 주는 힘이 됩니다.

불안
: 모든 걸 잘 해내지 못할까 봐 걱정돼요

스스로 선택하고 책임지는 삶을 살려면 자기가 중요하게 여기는 가치에 따라 목표에 우선순위를 세울 수 있어야 합니다.

예를 들어 일에서의 성취보다 사람 사이의 믿음과 돈독함이 더욱 가치가 있다고 느낀다면, 매일 야근을 할 게 아니라 적절한 시간에 퇴근해서 소중한 사람들과 함께해야 합니다. 두 가지를 전부 잘하겠다고 하면, 어느 것 하나에도 집중하지 못하게 될 가능성이 큽니다.

그런데 자기 계발 분위기가 득세하는 요즘, 하나라도 포기하면 안 된다고 생각하는 사람들이 점점 늘어나고 있습니다. 다른 사람들은 얼굴도 멋지고 몸매도 훌륭하고 일도 잘하고 친구도 많은데, 왜 나는 무엇 하나 제대로 못 하나 싶은 생각에 모든 일을 잘하려고 애씁니다. 목표에 우선순위를 정해서 선택과 집중을 해야 한다고 말하면 불안해하면서 대답합니다. "선생님, 하나라도 포기하면 경쟁에서 뒤처질까 봐 불안해요."

그래서일까요. 현대인들은 바쁠수록 능력 있고 인생을 잘 사는 사람이라고 생각합니다. 하지만 그냥 분주하다고 해서 인생을 잘 사는 거라고 착각하면 안 됩니다. 오히려 분주함은 그의 마음이 불안하다는 증거일 수 있습니다. 일례로 슬럼프에 빠진 운동선수는 훈련의 질을 점검하기보다는 훈련량을 늘리는 방식으로 대처합니다. 무언가를 하고 있으면 일단 안심이 되기 때문입니다. 마찬가지로 무엇을 어떻게 해야 할지에 대한 자기 기준이 불분명할수록, 이것도 저것도 전부 다하려고 애쓰면서 분주하게만 살아가게 됩니다.

정신분석학자 에리히 프롬은 이런 현대인의 분주함을 '소외된 능동성'이라고 설명했습니다. 능동성은 본래 내부에서 나오는 것입니다. 자기가 무엇을 좋아하고, 어떤 것을 소중하게 느끼는지 잘 아는 사람은 자기에게 중요한 일을 잘하려고 노력합니다. 이것은 능동적인 삶입니다. 그러나 분주함은 외부에 의해 끌려가는 것입니다. 불안에 떠밀려 바쁘게 움직일 뿐 왜 그렇게 살아야 하는지 잘 모르겠다면 소외된 능동성 상태에 놓여 있다고 보면 됩니다.

바쁘게 사는 바보가 되지 않는 법

혹시 주변에서 취미 부자라는 이야기를 듣고 있나요? 가만히 있지 못하고 누구든 만나려고 자꾸만 약속을 잡고 있지는 않나요? 공부나 일이 잘 안 될 때 집중력을 높이기보다는 멍하니 책상 앞에 앉아 있는 시간만 늘리고 있지는 않은가요? 그렇다면 그냥 바쁘게만 살 것이 아니라 내가 어떤 일을 잘하고 싶은지 곰곰이 따져 봐야 합니다. 내 마음을 모른 채 동분서주하면 불안감은 더욱 커질 뿐입니다.

우선 아무것도 하지 않아도 괜찮다고 나 자신을 이해시켜야 합니다. 바쁘게 사는 것은 결코 자랑이 아닙니다. 우리의 에너지는 한정되어 있습니다. 자꾸만 중요하지 않은 일에 에너지를 쏟으면 좋아하는 일을 탐색할 힘이 남지 않게 됩니다. 가만히 있자니 불안감이 버릇처럼 고개를 들 겁니다. 그때 습관처럼 몸을 움직이는 것으로 대응하지 말고 불안을 그냥 바라보세요. 불안은 바라보기만 해도 그 기세가 수그러듭니다.

그다음엔 아래 제시된 단어들을 살펴보고, 그것을 얼마나 중요하게 생각하는지 0점부터 100점까지 점수를 매겨 보세요.

- 일과 자기 계발
- 연애
- 우정
- 재정 안정성
- 여가
- 건강, 웰빙, 자기 관리
- 육아
- 교육
- 가족
- 지역 공동체와 정치 활동
- 기타

점수를 매기면 본인이 소중하게 여기는 가치를 파악할 수 있습니다. 그러고 나서 점수가 높은 세 가지 분야를 골라 관련된 목표를 세 가지만 적어 보세요. 예를 들어 '일과 자기 계발' 분야의 목표를 적어야 한다면 '올해 기획안 세 건 통과시키기', '부하 직원 역량 키우기', '새로운 프로젝트 팀장 되기'라고 적

홀로서기 심리학

어 보는 겁니다. 그다음 목표 달성을 위해 얼마나 노력하고 있는지 점검해 보세요. 만약 그다지 중요하지 않은 분야에 너무 많은 시간을 할애하고 있다면 '오늘 해야 할 일' 리스트를 다시 작성해야 합니다. 당연한 이야기 같아도 눈에 보이게 정리해 두면 그 효과가 매우 큽니다. 불안감은 무엇을 해야 하는지 모르는 불확실성에서부터 쑥쑥 자란다는 점을 잊지 마세요.

소설책 읽기, 음악 듣기, 작은 성공의 경험 늘려 가기, 중요하게 여기는 일을 찾아 종이에 적어 보기…. 제가 건넨 방법들이 너무 소소해 보이나요? 하지만 단언컨대, 작은 결정을 잘 내려야 큰 선택도 잘할 수 있습니다. 작은 결정을 스스로 만족스럽게 내리는 경험이 쌓이면 굳이 저와 같은 심리 상담가를 찾아가 앞으로 어떻게 살아야 하는지 일일이 물어볼 필요도 없게 됩니다. 나를 잘 알고 있는 가장 현명한 사람이 바로 내 곁에 언제나 함께하는 셈이기 때문입니다.

무기력, 우울, 불안에 강해지는 법

무기력에 강해지기

감정을 세세하게 들여다보는 훈련을 통해 잃어버린 자기 감정을 되찾아야 합니다. 소설 읽기나 음악 감상을 통해 뇌의 변연계를 자극해 주면 좋고, 감정을 다루는 어휘를 다양하게 익혀 감정을 풍부하게 느끼고 맛보는 연습을 하면 좋습니다.

우울에 강해지기

어떤 일을 시도하려 할 때 '해내고 싶다'는 감정과 '하지만 ~을 잃을까 봐 걱정이 된다'는 감정이 동시에 든다면, '하지만'을 '그리고'로 바꾸는 연습을 해 봅시다. 이는 열망과 두려움 중 반드시 하나를 선택해야 한다는 강박에서 벗어나게 해 줍니다.

불안에 강해지기

우리는 경쟁에서 뒤처질까 봐 이것저것 분주하게 시도하며 불안을 잠재우려 하지만, 사람의 에너지는 한정되어 있습니다. 그렇기에 불안할수록 행동을 멈추고 불안을 가만히 바라보는 연습이 필요합니다. 그저 바라보기만 해도 불안감은 완화될 수 있으니까요. 또한 불안할수록 일의 우선순위를 매겨 봅시다. 중요한 일부터 순서대로 해 나가면 분주하고 불안한 마음에서 벗어날 수 있습니다.

8

후회와 오해만 남기는
감정 기복에서 탈출하는 법

소위 '기분파'로 불리는 친구가 있습니다. 만나기로 약속한 카페 문만 열고 들어가도 그가 오늘 어떤 기분인지 한눈에 파악할 수 있었지요. 기분이 좋지 않은 날은 한숨을 자주 쉬고, 말수가 적고, 비관적이고 허무한 태도로 일관합니다. 제가 맛있는 음식을 시켜 먹으려고 하면 "넌 그게 그렇게 맛있니?" 하며 한심하다는 표정으로 쳐다보기도 하고요. 그런 날엔 가능한 한 빨리 헤어지는 게 서로에게 좋습니다.

반대로 기분이 좋은 날도 있지요. 행동이 크고 말이 빠릅니다. 낙관적이고 자신감이 넘치지요. 여러 사람이 만나는 자리에서 분위기를 화기애애하게 주도합니다. 기분이 들뜬 나머지 준비도 없이 새로운 일을 시작하려고 합니다. 그럴 땐 기분 나쁘지 않게 그를 잘 말려 줘야 합니다.

이런 사람들을 보면 쉽게 조울증을 의심하곤 하는데, 정신과에서 바라보는 조울증은 이와는 큰 차이가 있습니다. 조울증 진단이 내려지려면 조증과 울증이 상당 기간(하루 중 대부분이거나 연속된 며칠) 지속되어야 하고, 일상생활이 힘들 정도로 증상이 심해야 합니다. 우리가 흔히 목격하는 감정 기복은 조울증이라고 말하기 어렵습니다.

그럼에도 불구하고 감정 기복이 심한 사람들과 한 공간에서 지내려면 꽤 큰 고통을 감수해야 합니다. 언제 화낼지, 언제 웃어 줄지 모르는 부모와 24시간 붙어 지내야 하는 아이의 심정을 떠올려 보세요. 아이는 내내 부모의 눈치를 살피느라 진땀을 뺄 겁니다. 어른들이 모여 있는 회사라도 마찬가지입니다. 감정을 조절하지 못하는 사람, 자꾸만 감정이 삐져나오는 사람과 함께 생활하기란 여간 까다로운 일이 아닙니다. 무시하려고 애써도 그의 기분에 따라 내 기분도 오르락내리락하니까요. 그래서인지 그 친구도 점점 외톨이가 되어 가는 것 같더군요.

감정 기복에서 벗어나지 못하면 어른이 될 수 없다

어린아이는 슬퍼도 울고, 화가 나도 울고, 짜증이 나도 웁니

홀로서기 심리학

다. 아직 감정을 표현하는 방식이 미숙하기 때문이지요. 하지만 어른은 달라야 합니다. 기분 내키는 대로 행동하는 사람을 어른스럽다고 하지는 않지요. 어른이라면 감정과 행동을 확실히 구분할 줄 알아야 합니다. 감정이 요동쳐도 행동은 상식적인 수준에 머물러야 합니다. 하지만 아쉽게도 우리는 감정을 제대로 느끼고, 이해하고, 다루는 방법은 거의 배우지 못했습니다. 그건 감정 기복이 심한 그 사람이나 우리나 마찬가지입니다.

나도 모르게 사소한 일로 버럭 화를 내고, 주위에 암울한 기운을 내뿜고, 비관적인 이야기로 분위기를 깨뜨린 적이 여러 번 있지 않나요? 그러고 나서 집에 돌아와 후회하고 자책한 경험이 분명 있을 테지요. 물론 정도가 심하지 않고 자주 일어나지 않으면 "저 사람이 인간적이라서 그래" 하고 주변 사람들이 눈감아 줄 수도 있을 겁니다. 하지만 감정 기복도 제대로 알고 대처하지 않으면 큰 문제를 일으킬 수 있습니다. 한번 감정이 행동으로 표출되기 시작하면 그것이 습관적으로 반복될 확률이 아주 높기 때문입니다. 아이에게 한번 매를 들면 계속 매를 들게 되는 것과 비슷합니다. 감정 기복의 문제가 마냥 남의 일이 아닌 이유입니다.

'기분에 따르라'는 말을
절대 실행에 옮기면 안 되는 이유

앞서 3장에서 살펴봤듯이 어떤 기분을 느끼든 기분 자체는 문제 될 게 없습니다. 감정은 자연스럽게 일어났다가 사라지는 에너지와 같기 때문입니다. 아이 키우기가 너무 힘들 때 '같이 확 사라져 버리고 싶다'라고 느껴도 행동으로 연결하지 않는 이상 엄마가 비난받아야 할 이유는 없습니다. 너무 힘드니까 그런 기분이 드는 건 당연합니다. 감정에까지 죄를 묻는 건 너무 가혹한 일입니다. 우리에겐 무엇이든 자유롭게 느끼고 생각할 권리가 있습니다.

그렇다고 해서 기분 내키는 대로 행동할 권리를 가지는 것은 절대 아닙니다. 감정과 생각 그리고 행동의 문제는 완전히 구분해서 바라봐야 합니다. 옆 차선의 운전자가 위험하게 끼어들기를 시도했다고 해서 보복 운전을 할 권리가 있는 건 아닙니다. 화가 난다고 해서 폭력을 행사할 권리가 없고, 억울하다고 해서 인신공격성 댓글을 달 권리가 없습니다.

이는 꼭 법으로 금지된 일에만 해당하는 얘기가 아닙니다. 상사의 말이 기분 나쁘다고 해서 그에게 똑같이 복수하거나, 애먼 부하 직원에게 화풀이해서 좋을 게 없습니다. 우선 감정의 행동화는 습관으로 굳어질 가능성이 큽니다. 한번 회사에서 내키는 대로 화를 내 본 사람은 알 겁니다. 다음에도 똑같이 화를 내는 건 훨씬 쉽다는 사실을요. 한번 친구에게 우울감을 그대로 뿜어내고 나면 똑같이 그 친구 앞에서 우울하게 행동하기는 훨씬 쉽습니다. 사랑하는 사람에게도 마찬가지입니다. 기분이 좋을 땐 한없이 잘해 주다가, 기분이 안 좋으면 갑자기 연락이 두절됩니다. 한번 내키는 대로 행동하기 시작하면 그 행동에 제동을 걸기란 쉽지 않습니다.

짜증이 나니까 짜증을 낸다는 사람들의 심리

그렇다면 왜 감정이 습관적으로 행동화하는 것을 막기가 어려울까요? 첫째는, 행동하는 당사자도 자기가 무슨 행동을 하는지 잘 모르기 때문입니다. 누가 발로 공을 차면 공이 앞으로 굴러가듯이, 기분이 나쁘니까 우울해하고, 화가 나니까 언성이 높아지고, 짜증이 나니까 짜증을 냅니다. 그 사이에 '내가 왜 제멋대로 굴고 있지?'라는 생각이 끼어들 틈이 없습니다. 바람이 불면 흔들리는 갈대처럼 자극에 대해 반응할 뿐입니다.

제 친구가 바로 이런 경우였지요. 그 친구는 감정에 따라 이랬다저랬다 하는 행동을 스스로 제어할 수 있다고는 조금도 생각지 못했습니다. 왜 그렇게 감정 기복이 심하냐고 물으면

"라라, 나처럼 감성이 풍부한 사람들은 어쩔 수 없어" 하는 대답이 돌아올 뿐이었습니다. 예민하니까 기복이 심한 게 당연하다는 논리입니다.

둘째는, 마음속으로 '나는 옳고 너는 틀렸다'라고 생각하기 때문입니다. 상사가 보고서를 제대로 작성하지 못했다며 엄격하게 지적을 했다고 생각해 봅시다. 갑자기 기분이 나빠집니다. 그럴 때 사람들은 무의식중에 자기를 합리화하려 듭니다. '뭐야, 보고서를 제대로 이해하기는 한 거야? 자기가 능력이 부족해서 그런 걸, 왜 나한테 뭐라고 하지?' '동료들이 전부 보는 앞에서 지적을 하다니, 역시 성격이 못돼 먹었어.' 이처럼 '나는 옳고 너는 틀렸다'의 공식으로 나쁜 기분을 합리화하는 순간이 위험합니다. 그 순간 '나'는 기분대로 행동해도 괜찮다고 느끼기 때문입니다. 무능력하고 못된 상사에게 티 안 나는 복수를 시도합니다. 상사가 요청하는 업무는 최대한 늦게 처리하고 그에 대한 험담을 퍼뜨립니다. 때론 나보다 힘이 없는 아랫사람에게 화를 내기도 합니다. 다른 사람은 몰라도 '나'는 그래도 됩니다. '나'는 억울한 피해자이니까요.

기분이 나쁩니다, 게다가 억울합니다, 그래서 내키는 대로 행동합니다. 이 고리가 형성되면 감정에 따라 행동하는 것을 막기가 힘들어집니다. 그런 행동은 습관으로 굳어지고, 결국

나는 화 잘 내는 사람, 멋대로 행동하는 사람, 감정 기복이 심한 사람이 되어 버리지요. 그 결과 가장 피해를 보는 건 바로 나 자신입니다.

감정을 잘 다스리는
사람들의 특징

언젠가 길에서 강도의 총을 맞고 하반신이 마비된 남편을 둔 어느 부인을 상담한 적이 있습니다. 남편을 불구로 만든 강도는 그때까지 잡히지 않았고, 그녀는 세 아이를 돌보며 남편의 병원비와 생활비를 버느라 새벽부터 밤늦게까지 일하며 힘겹게 생활해야 했습니다. 그녀의 분노는 하늘을 찔렀습니다. 할 수만 있다면 총을 들고 그 강도의 집으로 찾아가 가족까지 모두 죽이고 자기도 죽고 싶다고 했습니다.

그때 저는 상담가로서 조금 위험할지도 모르는 대답을 했습니다. "아, 너무 힘드셨겠네요. 나중에 강도를 잡게 되면 저랑 꼭 같이 그 집에 갑시다. 제가 뭐든 복수하도록 도와드릴게요." 제 말이 황당했는지 그녀가 피식 웃더군요. "선생님, 말이 그렇다는 거지요. 저는 그런 사람 아니에요." 그녀가 극도의 분노에서 빠져나와 분노를 바라보기 시작한 순간이었습니다. 그때부터 그녀는 그동안 얼마나 힘들었는지 얘기했지만, 분노와 억울함에 빠져서 머물지 않았습니다. 이런 사람은 절대로 감정을 행동으로 옮기지 않습니다. 활활 타오르는 분노도 인식할 수 있으면 조절할 수 있습니다.

감정을 잘 조절하는 사람은 감정을 알아채는 능력이 탁월합니다. 분노, 우울, 불안, 짜증이 밀려오는 순간 가슴이 쿵쿵대고 숨이 가빠지고 뒷골이 당기는 것 같습니다. 그때 그들은 '일시정지' 버튼을 누릅니다. '아, 가슴에서 뭔가가 일어나고 있어. 일단 이 자리에서 벗어나자.' 그들은 어디든 쉴 만한 곳으로 가서 숨쉬기도 해 보고, 스트레칭도 해 보고, 경치도 바라봅니다. 정 안 되면 화장실이라도 가서 옷매무새라도 다듬습니다. 아무 생각도 하지 않음으로써 감정에서 빠져나오려는 것입니다. 감정에 빠져 있을 때 생각은 위험합니다. 감정이 격해진 순간의 생각은 반드시 누군가의 탓으로 이어지게끔 되어 있고, 감정의 행동화에 알게 모르게 정당성을 부여하기 때문입니다.

그렇게 감정이 잦아들고 나면, 그제서야 이 문제를 어떻게 다룰지 생각합니다. 그들은 문제의 원인을 눈앞의 사건에서만 찾지 않습니다. 기분이 나쁜 이유는 오늘 컨디션이 별로여서일 수도 있습니다. 또 워낙 예민한 부분이 있는데(예를 들어 과거에 상처를 받았던 부분), 누군가가 유독 그 부분을 건드렸을 수도 있습니다. 그렇다면 그 사람 잘못이라고 볼 수는 없겠지요. 이렇게 원인을 다각도로 생각해 본 후 어떻게 행동할지를 결정합니다. 만약 상대에게 무언가를 요청해야 한다면 담백하게 말합니다. 나는 무엇을 기대하며, 당신이 어떻게 해 주기를 원하는지 말입니다.

이런 사람들을 보고 "감정도 없다", "냉혈한이다"라고 평가하기도 합니다. 하지만 어른의 감정 표현은 이래야 합니다. 겉으로 드러내지 않는다고 해서 감정을 안 느끼거나 억압하는 것이 아닙니다. 감정을 잘 느끼면서도 적절히 드러내고 또는 아예 드러내지 않는 것이 가능합니다. 화가 나도, 우울해도, 짜증이 나도, 그에 어떻게 반응할지 스스로 선택할 수 있을 때 비로소 사람은 자유로워집니다. 감정 기복에서 벗어나 홀로 서려는 사람이라면 반드시 배워야 하는 삶의 기술입니다.

'all or nothing'이라는
위험한 생각 버리기

감정 기복이 심한 사람들이 부딪치는 중요한 문제가 하나

더 있습니다. 그들은 삶의 목표를 향해 꾸준히 달려가지 못합니다. 기분이 좋으면 무엇이든 이룰 듯한 기세로 달려가다가도 기분이 한번 고꾸라지면 모든 일에 시큰둥해지고, 비관적으로 반응합니다.

'all or nothing thinking(이분법적 사고)'은 극단적인 사고를 하는 인지 오류입니다. 착하지 않으면 못된 것, 성공 아니면 실패 등 모든 경험을 '모 아니면 도' 식으로 생각하는 것입니다. 그러다 보니 중간이 없습니다. '이 정도면 괜찮다'가 불가능합니다. 당연히 매사 불안하고 불만족스럽고, 자기 자신이 못마땅합니다.

그런데 감정 기복이 심한 사람들은 행동함에 있어서도 'all or nothing'의 태도로 임합니다. 기분이 좋을 땐 한없이 긍정적입니다. 뭐든 해낼 수 있을 것 같은 기분에 목표도 높게 잡고 계획도 거창하게 세웁니다. 그러나 현실성이 부족한 만큼 일은 계획대로 진행되지 않습니다. 이럴 때 기분까지 안 좋아지면 하강 곡선에 속도가 붙습니다. 갑자기 의욕이 사라지고, 아무 일도 하고 싶지 않습니다. 미래가 암담하고 일이 잘 풀릴 것 같지 않습니다. 그런데 언뜻 익숙한 느낌이 듭니다. 예전에도 비슷한 경험을 했습니다. 크게 기대하고 시작했지만 제대로 해 보지도 못하고 포기했던 일이 여러 개입니다. 그러자 갑자기 바람 빠진 풍선처럼 모든 기대가 홀연히 사라집니다. '내가 하는 일이 늘 그렇지 뭐. 잘될 리가 있나.'

감정 기복이 심한 사람들은 무기력에 잘 빠집니다. 그들은 무슨 일이든 그것을 하려면 당연히 기분이 따라 줘야 한다고 느낍니다. 한마디로 의욕이 생겨야 움직일 수 있다고 믿습니다. 그런데 언제나 변함없이 매사에 의욕적인 사람을 본 적 있나요? 사람의 기분은 좋았다가 나빴다가 합니다. 어떤 사람은 아침에 의욕적이지만 저녁이 되면 차분해지고, 어떤 사람은 일을 시작할 땐 조심스럽다가도 중간에 탄력이 붙습니다. 이렇게 기분은 컨디션에 따라, 시기에 따라 바뀝니다. 그런데도 기분이 내키면 행동하겠다는 태도는 우연에 인생을 전부 거는 것과 마찬가지입니다.

일단 하고 보라, 기분이 좋든 말든

꾸준히 하는 사람들은 기분이 아닌 의지에 따라 행동합니다. 하기로 했으면 의욕이 생기든 말든 일단 합니다. 아침에 눈을 떴는데 이부자리에서 나오기 싫습니다. 그래도 아침 운동을 하기로 했으면 일어납니다. 정 하기 싫으면 이부자리 위에서 스트레칭이라도 합니다. 이 사소한 차이가 엄청난 결과의 차이를 낳습니다.

의욕이 생기지 않는다고 가만히 있으면 머릿속만 복잡해집니다. '아, 지금 이 일을 해야 하는데 왜 이렇게 하기가 싫지? 그리고 보니 난 꼼지락거리는 나쁜 습관이 있는 것 같아. 대학생 때도 그랬지. 리포트를 제때 낸 적이 몇 번 없었어. 아, 난 정말 타고난 게으름뱅이인가 봐. 오늘도 그른 것 같아.' 이렇게 꼬리에 꼬리를 물고 과거에서 미래를 헤집고 다니며 부정적인 생각을 강화합니다. 결국 무기력은 한층 더 깊어지고 말지요.

목표를 향해 정진할 때는 반드시 이 점을 기억해야 합니다. 기분이 행동을 이끄는 것이 아니라 행동이 기분을 좌우한다는 점을 말입니다. 감정 기복이 심한 편이라면 기분의 저항을 무찌르기가 쉽지 않을 겁니다. 그렇다고 해도 좌절하지 말고, 하기로 한 일을 그냥 해 보세요. 만약 계획한 일이 너무 버겁다면 지금 실행할 수 있는 작은 일로 쪼개어 시작해 보세요. 아침 운동을 꼭 헬스장에서 할 필요가 있나요? 집 밖으로 산책만 나가도 오늘은 성공입니다. 거창한 계획은 기분 좋았던 내가 살짝 '오버'해서 세운 거라고 생각하세요. 중요한 것은 아주 작은 계획이라도 실천에 옮기는 태도입니다. 몸을 움직이면 부정적인 생각이 멈추고, 무기력했던 기분도 조금씩 풀립니다. 이렇게 하루하루가 쌓이면 어느새 목표 달성에 가까워집니다.

감정 기복을 이기는
7가지 행동 요법

감정 기복을 이기고 꾸준한 노력으로 나아가기 위해서는 두 가지가 필요합니다. 첫째는 감정이 아닌 의지에 따라 행동하겠다는 결심이고, 둘째는 쉽게 포기하지 않을 수 있는 적절한 수준의 목표 설정입니다. 만약 계획을 실행에 옮기는 데 자꾸만 실패한다면 그 수준이 너무 높아서일 수 있습니다. 그럴 땐 다음 일곱 가지 방법을 염두에 두고 목표를 다시 세우고, 꾸준히 실천에 옮기도록 해 보세요.

1. 결과가 아닌 목표를 설정하기

목표는 결과가 아닙니다. 당연하게 들릴지 모르지만, 이 둘을 헷갈리는 경우가 상당히 많습니다. 예를 들어 현재 직장이 개인적인 가치관과 맞지 않아 이직을 준비하려고 합니다. 그때 목표는 '가치관에 부합하는 직장으로의 이직 성공'이 아닙니다. 이직을 위해 '온라인 구직 사이트를 검색하기', '최소한 다섯 곳에 이력서 내 보기', '해당 직종에 대해 잘 아는 사람에게 조언 구하기'가 목표가 되어야 합니다.

결과를 목표로 설정하면 아무리 노력해도 그것을 달성하지

못할 수 있습니다. 반대로 할 수 있는 일을 목표로 세우면 결과와 상관없이 목표 달성은 가능해집니다. 그리고 목표 달성의 경험이 늘어날수록 자신감이 생기고, 감정에 기대지 않는 단단한 사람이 될 가능성이 높아지지요.

2. 실행의 수준 나누기

목표를 정했다면 실행의 수준을 '최상', '만족할 만한', '허용 가능한'으로 나누길 바랍니다. 예를 들어 아침 운동을 목표로 삼았을 때 '최상'은 헬스장에 가서 한 시간 이상 운동하는 것, '만족할 만한'은 밖으로 나가 30분 이상 산책하는 것, '허용 가능한'은 집에서 스트레칭하는 것으로 세울 수 있겠지요. 아무리 기분이 안 좋고 컨디션이 저조해도 '허용 가능한' 수준은 꼭 실행하도록 해야 합니다.

3. 감정을 알아채는 훈련하기

감정 기복은 실천을 방해하는 최대의 적입니다. 앞서 말했듯, 감정을 잘 다루는 사람들은 자기를 방해하는 감정이 떠오를 때 그것을 빨리 알아채고 대응합니다. 그래서 의지에 따라 행동할 수 있지요.

만약 당신이 감정에 잘 휘둘리는 편이라면, 감정이 느껴지는 그 순간을 인지하는 능력을 키워야 합니다. 그러기 위한 좋은 방법이 감정을 기록해 보는 것입니다. 오늘 하루 느꼈던 감정을 사실과 느낌으로만 정리해 보세요.

예) 오늘 상사가 보고서를 다시 써 오라고 했다 – 그 순간 가슴이 쿵쿵 뛰고 뒷골이 뻐근했다 – 화가 나고 분했다

여기서 중요한 것은 생각을 빼는 일입니다. 상사가 나를 싫어한다거나, 무능력하다는 판단은 빼야 합니다. 생각은 결국 자신이나 타인에 대한 비난으로 흘러 감정을 더욱 격하게 만들 수 있습니다.

4. 훈련 시간 정하기

감정을 인지하는 훈련을 빼먹지 않도록 익숙한 행동 뒤에 연결해 보세요. 예를 들어 양치질을 한 뒤 혹은 잠자리에 들기 전처럼 매일 하는 행동에 이어 붙이면 좋습니다.

5. 실행하고 나면 스스로에게 보상하기

'최상'을 몇 차례 지속하면 어떤 보상을 받을지 구체적으로 생각해 두세요. 아침에 헬스장에서 한 시간씩 주 3회 운동했다

면 주말에 근사한 레스토랑에서 한 끼 식사를 할 수도 있겠지요. 누구에게나 보상은 최고의 동기부여가 됩니다.

6. 목표와 실행 여부를 주변에 알리기

목표를 위해 애쓰는 과정에 당신을 지지하고 응원하는 누군가가 있으면 큰 힘이 됩니다. 믿을 만한 사람에게 당신이 세운 목표와 실행 상황을 알리세요. 그 사람이 알고 있다는 사실만으로도 의지가 굳건해지고 행동하기가 훨씬 쉬워집니다.

7. 목표와 가치 기억하기

꾸준히 실행하지 못한다는 생각이 들 때마다 가치와 목표를 다시 읽어 보세요. 매일 볼 수 있도록 핸드폰에 적어 두는 것이 좋습니다. 감정 기복이라는 나쁜 습관을 이기기란 쉽지 않습니다. 자포자기하고 싶고, 기분 내키는 대로 살고 싶어질 때 첫 마음으로 써 놓은 기록을 보는 것은 도움이 됩니다.

무엇이든 기대는 사람은 그것에 의해 흔들릴 수밖에 없습니다. 감정에 기대는 것도 마찬가지입니다. 좋았다 나빴다 하는 기분에 나를 맡기면 그냥 감정에 휘둘리는 사람, 감정 기복이 심한 사람이 될 뿐입니다. 그것은 감정이 풍부한 것도, 공감 능력이 뛰어난 것도 아닙니다.

어른이 된다는 건 감정을 잘 느끼되 그것에 좌지우지되지 않고 일관성 있는 태도를 유지하는 사람이 되는 것입니다. 만약 당신이 감정적이라고 생각되고 목표를 향해 달려가는 길에서 자꾸 넘어진다면, 감정을 어떻게 다루고 있는지부터 돌아보세요. 감정은 내 인생을 풍요롭게 해 줍니다. 하지만 감정이 내 삶의 주인이 되는 순간, 나는 길을 잃고 헤매게 될지 모릅니다.

감정 기복에서 자유로워지는 법

하루에도 몇 번씩 감정 기복이 일어날 때 누군가는 기분 내키는 대로 행동하지만, 누군가는 성숙하게 자신의 행동을 조절합니다. 감정에 휘둘려 내키는 대로 행동한다면, 결국 가장 큰 피해는 자기 자신에게 옵니다. 인간관계에 금이 가기도 하고, 목표로 하던 일을 그르치게 될 수도 있지요.

어른이 된다는 건 기분에 휘둘리지 않고 일관성 있는 태도로 나를 잘 관리하는 사람이 되는 것입니다. 감정을 잘 조절하는 사람은 자신이 분노, 우울, 불안, 짜증 등 부정적인 상태일 때 그것을 알아채는 능력이 탁월합니다. 그들은 그 감정을 일시정지시키고, 주의를 돌려 감정에서 빠져나옵니다. 그렇게 감정이 잦아든 후에는 왜 그러한 기분이 들었는지 문제의 원인을 다각도로 분석하고, 어떻게 해야 할지를 결정합니다.

또한 그들은 목표를 향해 달려가는 과정에서 기분이 아닌 의지에 따라 행동합니다. 이렇게 부정적인 감정이 밀려와도 그것에 흔들리지 않고 스스로 적절한 행동을 선택하고 자기를 조절할 수 있다면, 비로소 감정에서 자유롭고 성숙한 어른이 될 수 있습니다.

Part 3

홀로 설 수 있을 때 우리는
비로소 괜찮은 어른이 된다

: 관계 편

9

홀로 설 수 있을 때
우리는 비로소 괜찮은 어른이 된다

나무를 키워 본 사람이라면 알 테지만, 처음 묘목을 심고 나서 쑥쑥 자라기까지는 상당한 시간이 걸립니다. 나무는 먼저 뿌리를 튼튼히 내리기 위해 온 힘을 집중합니다. 작은 잎에서 만들어 낸 소량의 영양분을 줄기를 올리거나 잎을 더 틔우는 데 쓰지 않고 오직 뿌리 내리기에만 사용합니다. 나무마다 다르지만 이렇게 보내는 시기가 대략 5년쯤 됩니다.

나무라고 해서 급한 마음이 없진 않을 겁니다. 줄기를 쑥쑥 올리고 잎도 무성하게 피워 내야 햇볕을 잘 받고 그래야 더욱 크게 자랄 수 있으니까요. 만약 옆 나무가 먼저 자라서 햇볕 받기에 좋은 자리를 차지해 버리면 성장 과정이 더욱 힘겨워질

게 분명합니다. 하지만 나무는, 그래도 5년 동안은 보이지 않는 뿌리에만 신경을 씁니다. 옆 나무들이 얼마나 높게 자라건 상관하지 않습니다. 그래야 훗날 가뭄과 폭풍이 와도 쓰러지지 않고 버티며, 결국 더 크게 성장할 수 있음을 잘 알기 때문입니다.

쉽게 흔들리지 않는 뿌리 깊은 사람이 된다는 것

사람도 마찬가지입니다. 뿌리가 튼튼한 사람은 무엇에 기대지 않고도 홀로 설 수 있습니다. 쉽게 흔들리지 않습니다. 뿌리는 그를 지탱해 주는 핵심입니다. 그래서 타인에, 세상에, 감정에 휘둘리지 않고 단단하게 살고 싶은 사람들은 뿌리에 더욱 신경을 씁니다. 보이는 부분, 이를테면 외모, 학벌, 경제력, 지위 등은 그다음입니다. 뿌리가 튼튼하지 않은 채 외형만 키우다가는 한 번에 쓰러져 버릴 수 있습니다.

그렇다면 사람에게 뿌리란 무엇일까요? 저는 그를 가장 그답게 만들어 주는 것, 즉 내면세계라고 생각합니다. 주변에 돈도 많고 남부럽지 않게 성공도 거두었는데 극도의 공허감에 힘들어하는 사람을 본 적 있는지요. 그들은 가족도, 친구도, 직원들도 자기를 돈 벌어 오는 사람, 부탁하기 좋은 사람, 힘 있는 사람으로만 생각할 뿐, 있는 그대로의 자기로 받아들여 주지 않아서 괴롭다고 말합니다. 주어진 역할이나 명함이 아닌 그 자체로 사랑받고 싶은 것입니다. 이것은 숨 쉬고 밥 먹는 것처럼 자연스러운 욕구입니다. 즉 뿌리가 썩으면 나무가 죽듯이 내면세계가 텅 비어 버린 채로 사람은 살 수 없다는 뜻입니다.

그런데 내면세계는 다른 누군가가 만들어 줄 수 없습니다. 스스로 탐험하면서 구축해 나가야만 합니다. 그래서 뿌리를 튼튼하게 만들고 싶은 사람들은 무엇보다 자기 자신에 대해 잘 알아야 합니다. 자기가 무엇을 좋아하고, 어떤 일을 할 때 가장 신나며, 어떤 가치를 중요하게 여기는지 스스로 발견해야 합니다. 또 그런 자신을 좋아하고 믿을 수 있어야 합니다. 이런 힘을 자존감이라고 부릅니다.

물론 어려서부터 나를 알고 믿는 훈련을 해 나가는 게 가장 좋습니다. 그러나 그렇지 못한 채 어른이 되었다고 해서 늦은 것은 아닙니다. 지금이라도 굳게 마음먹으면 나에 대해 탐구하고, 원하는 삶을 계획하고, 나를 돌보며 살아갈 수 있습니다. 이 장에서 저는 튼튼한 내면세계를 만들어 가기 위해 타인과 세상에 맡겨 두었던 내 감정, 내 생각, 내 행동을 진짜 '나의 것'으로 가져오는 구체적인 방법을 알아보려고 합니다.

홀로서기 심리학

뿌리가 튼튼한 사람이
되기 위해 배워야 하는 것

세 살 정도 된 아이들은 끊임없이 주변을 헤집고 다니며 짚이는 대로 만지고 입에 넣고 망가뜨립니다. 그때 양육자가 무턱대고 아이를 혼내고 제지하면 아이는 자신감을 잃습니다. 아이는 '나는 뭐든지 망치고 잘못하는 사람인가 봐'라고 느끼면서, 양육자의 눈치를 살피기 시작합니다. 그렇게 자기 확신의 길에서 멀어집니다. 무엇을 하든 누군가의 허락이 떨어져야 안심을 합니다.

아이는 뿌리를 단단히 내리지 못한 채 자랍니다. 뿌리가 약하니 기댈 곳이 필요하지요. 무엇을 하고 싶은지, 어떻게 살고 싶은지 스스로 답을 못 내리는 아이는 다른 사람들이 좋다는 것을 좋게 느끼고, 시키는 것을 잘하려고 애쓰면서 어른이 됩니다.

그런데 뿌리가 약한 사람들 곁에는 그의 의존을 이용하려는 이들이 존재합니다. 서른이 넘은 자녀에게 용돈을 계속 줘주면서 자기 말을 들으라 하는 부모가 있습니다. 그들은 세뇌하듯 자녀에게 말합니다. "나만큼 널 사랑하는 사람은 없어", "너는 내가 제일 잘 알아", "너는 그 일은 잘 안 맞아", "요즘 이

직업이 잘나간다던데 한번 배워 보는 거 어때"…. 자녀는 부모의 지나친 간섭에서 벗어나고 싶어도 딱히 기댈 만한 곳이 없고 주체적으로 설 자신도 없기에 알아서 순응합니다. 사랑하는 관계에서도 비슷한 일이 벌어집니다. "너는 이렇게 해야 예뻐", "너는 이거 잘 못하잖아, 내가 해 줄게", "내 말대로 해"…. 본연의 모습은 무시당한 채 사랑하는 사람의 틀에 맞춘 내가 됩니다.

그러나 아무리 허울 좋은 말을 붙여도, 한쪽만 의존하는 관계라면 그것은 사랑이 아닙니다. 사랑의 외피를 입고 있어도 본질은 '무시'입니다. "넌 약해." "넌 스스로 할 수 있는 게 하나도 없어." "너는 도움이 필요해." 그들은 상대를 애초부터 내면 세계 따윈 없는 존재, 꼭두각시 인형처럼 바라봅니다. 그만의 고유한 생각과 의지 같은 건 원래부터 없다는 듯 무시합니다.

그러므로 만약 당신의 의존적인 성향을 누군가가 이용하고 있다면, 그래서 홀로서기가 더욱 힘들다면, 당신을 무시하는 그 시선부터 단호히 거부해야 합니다. 상대가 당신을 어떻게 바라보든 상관없이, 타인이 함부로 뚫을 수 없는 당신만의 세계가 존재한다고 스스로 굳게 믿어야 합니다. 아직 그 세계가 어떤 모습인지 잘 몰라도 괜찮습니다. 당신은 사람들이 생각하는 그런 단순한 존재가 아닙니다. 당신에겐 당신만의 빛나는 세계가 있습니다. 그런 확신이야말로 뿌리를 튼튼하게 내리기 위해 가장 먼저 갖춰야 하는 마음가짐입니다.

자기 확신을 바탕으로
삶의 주인으로 거듭나기

사람은 누구나 자기만의 시선으로 세상을 바라봅니다. 예를 들어 건강이 나빠지거나 가족이 사고를 당하면 왜 그 일이 나에게 일어났는지 그 이유를 찾습니다. 권선징악을 믿는 사람은 '혹시 내가 잘못한 일이 있나?' 하며 원인을 찾으려고 할 테고, 새옹지마를 믿는 사람은 '액땜했다고 생각하자, 다음엔 좋은 일이 있겠지' 하며 미래를 예측할 것입니다. 이처럼 사람은 어떻게든 세상을 자기 생각의 틀에 맞춰 이해하려고 합니다. 인간이 정말 힘들어하는 것은 불행이 아니라 모호함이니까요.

그런 점에서 보자면 '나'를 둘러싼 타인들도 전부 '나'를 다르게 받아들이고 해석할 것입니다. 저를 예로 들어 볼까요? 제 부모님은 저를 말수가 적고 냉정한(?) 딸로 생각합니다. 제 파트너도 크게 다르지 않지요. 그는 저를 완벽주의자에 가까운 노력파라고 생각해요. 하지만 제 학생들은 다릅니다. 저를 다정하고 배려 있는 선생으로 봐 줄 때가 많지요. 저는 그들이 바라보는 각기 다른 제 모습이 전부 맞다고 인정합니다. 굳이 그것을 바꾸려고 노력하지 않아요. 어차피 사람은 자기가 낀 안경을 통해 세상을 보게 되어 있습니다. 그 안경을 바꾸는 게 제게 그렇게 중요한 일 같지는 않습니다.

사실 타인이 바라보는 '나'는 별것 아닙니다. 그들이 그렇게 생각한다고 해서, 정말 그런 내가 되는 것이 아니니까요. 나를 그들의 시선에 맞출 필요도 없고, 그들의 시선을 고칠 필요도 없습니다. 아무리 "내 진짜 모습은 그게 아니야"라고 외쳐 봐야, 그들은 또 다른 내 모습을 상상해서 만들어 낼 뿐입니다. 시선이 하나 더 늘어날 뿐이지요.

그러니 다른 사람이 바라보는 '나'에 너무 흔들리지 마세요. 타인의 시선을 의식하는 데 들이는 그 노력을 나를 돌보는 데 쓰는 게 현명합니다. 나를 제일 좋아하고, 잘 아는 사람은 바로 나입니다. 그런 자기 확신을 바탕으로 삶의 뿌리를 튼튼하게 만들어 나가야 합니다.

앞서 이야기했듯 나를 잘 알고 믿을수록 내면세계를 잘 가꾸어 나갈 수 있습니다. 그렇다면 어떻게 해야 나를 잘 알 수 있을까요? 이것만큼 어려운 질문도 없습니다. 각자의 답이 있을 뿐 통용되는 정답은 애초에 없기 때문이고, 훈련을 거듭할

홀로서기 심리학

수록 더 나은 답을 만들어 갈 수 있기 때문입니다.

저는 그 방법을 감정, 생각, 행동으로 나누어 살펴보고자 합니다. 내면세계를 단단히 만들어 가는 데 길잡이가 되기를 바랍니다.

홀로서기 훈련 1
: 내 감정을 받아들이는 법

내 감정인데도, 그것을 있는 그대로 느끼기가 결코 쉽지 않습니다. 그 이유는 세 가지 정도로 요약됩니다. 첫째로 감정이 느껴지는 순간을 포착하기 어렵고, 둘째로 감정을 제대로 인지할 만한 감정 언어가 부족하며, 셋째로 과거의 상처 때문에 과잉 대응을 하는 경우가 많아서입니다.

앞서 여러 번 강조했듯이, 감정은 우리 삶의 엔진입니다. 우리를 움직이게 하는 동력 그 자체이지요. 그 말인즉슨, 방향은 우리가 제시해야 한다는 뜻입니다. 방향을 잃은 엔진은 기어이 사고를 내고 마니까요. 그래서 우리는 느끼는 대로 행동할 게 아니라, 의지를 가지고 감정을 컨트롤하는 방법을 배워야 합니다.

몸이 보내는 감정 신호에 귀 기울이기

감정이 올라올 때 전조 증상을 아는 것은 감정 컨트롤에 매우 효과적입니다. 특히 감정이 행동화로 이어지는 습관이 굳어졌다면 더욱 그렇습니다. 분노의 불꽃이 튀는 순간 알아챌 새도 없이 화를 내고 후회했던 경험이 있나요? 만약 화라는 감정이 드는 순간을 인지했더라면 어땠을까요? 습관화된 행동을 멈추고 그것을 조절할 수 있었겠지요.

감정은 먼저 몸으로 신호를 보냅니다. 다음은 감정에 따른 대표적인 신체 감각입니다. 이를 염두에 두면 어떤 감정이 떠오르고 있는지 알아채기가 훨씬 수월해집니다. 또 신체 감각에 주의를 기울이는 것 자체가 감정의 폭풍우에서 빠져나와 현재의 순간에 집중하게 해 줍니다.

감정	몸이 보내는 신호
공포, 두려움, 초조, 놀람, 흥분	경직된 어깨, 두근거리는 가슴, 가빠진 호흡, 땀, 어지러움, 커진 눈과 벌어진 입
분노, 짜증, 성가심, 좌절, 혐오	찌푸린 눈썹, 찡그린 눈, 처진 입꼬리, 경직된 윗입술
슬픔, 절망, 비애, 비탄, 거절, 비통	처진 고개, 처진 어깨, 눈물, 피로감, 무기력
행복, 환희, 기쁨, 즐거움, 들뜸	가벼움, 긴장 이완, 온기, 커진 눈

감정에 이름 붙이기

우리는 감정을 있는 그대로 인지하고 있을까요? 그렇지 못한 경우가 생각보다 많습니다. 불안해서 화를 내기도 하고, 억울하고 분한 감정을 무력감으로 느끼기도 하지요. 감정을 세세하게 느낄 만큼 감정 언어를 풍부하게 알지 못해서일 수도 있고, 있는 그대로의 감정을 인정하기 힘들어서 다른 감정을 덧씌웠기 때문일 수도 있습니다.

이유가 무엇이든 다양한 감정 언어를 알고, 감정에 제대로 된 이름을 붙이는 것은 중요합니다. 적절한 이름을 붙일수록 감정을 그대로 받아들이기 쉬워질 뿐만 아니라, 이름을 붙이는 활동 자체가 논리와 추론을 담당하는 뇌 부위를 활성화해서 감정에서 빠져나오도록 돕기 때문입니다.

따라서 가능하다면, 구체적인 단어로 감정에 이름 붙이는 연습을 하길 바랍니다. 143쪽의 표에 나온 감정 단어들이 도움이 될 겁니다.

감정의 원인 찾기, 단 판단하지 말고 있는 그대로

정말 다루기 힘든 감정들이 있습니다. 과거에 상처받은 부분이 건드려지면 우리는 너무 아파서 예민하게 반응하고 말지요. 그러나 4장에서 살펴보았듯이, 아무리 상처와 연결된 감정이라고 해도 그것과 분리되어 그것을 인지하는 순간 감정의 폭풍우는 상당히 잠잠해집니다. 그래서 감정의 진짜 원인을 찾는 일은 중요합니다.

상사가 보고서를 제대로 작성하지 못했다며 질책했다고 해 봅시다. 그런데 갑자기 피가 머리로 솟구치고 정신이 멍해지는 느낌이 듭니다. 분노가 치밉니다. 이때 신체 변화를 알아채고 우선 그 자리에서 벗어나야 합니다. 그리고 왜 격한 분노를 느꼈는지 원인을 생각해 봐야 합니다. 저는 세 가지 질문을 던지라고 이야기합니다.

첫째, 오늘 컨디션이 별로인가? (불규칙한 수면, 영양 부족, 운동 부족, 질병, 호르몬 주기 등과 같은 신체적인 상태는 감정에 막대한 영향을 미칩니다.)

둘째, 과거에 비슷한 일로 상처받은 적이 있는가?

셋째, 만약 나와 비슷한 상황이었다면, 누구라도 그렇게 느끼지 않을까?

첫째와 둘째 물음에서 원인을 찾을 수 있다면 눈앞의 상사를 미워할 필요가 없겠지요. 그리고 무엇을 느끼든, 감정 자체는 문제가 없다고 여러 차례 이야기했습니다. 감정을 대할 때

옳고 그름, 좋고 나쁨, 내 탓 네 탓을 판단하지 않는 게 중요합니다. 그런 의미에서 세 번째 질문을 건너뛰면 안 됩니다. 무엇이든 당신이 느끼는 감정은 매우 타당하고 옳습니다. 다른 사람이라도 그렇게 느꼈을 것입니다. 감정을 인정하는 태도를 보일 때 조절되지 않는 감정은 없습니다.

홀로서기 훈련 2
: 내 생각을 점검하는 법

생각은 그냥 내버려 두면 제멋대로 흘러가 버립니다. 자기만의 가상현실을 만들고 그것을 기정사실화해 버리지요. 저는 이것을 '생각이 산으로 간다'고 이야기합니다. 생각이 산으로 가 버리는 방식은 크게 네 가지가 있습니다.

1. *미래를 걱정하기*: 앞날을 예측하는 것은 인간의 능력입니다만, 지나칠 경우 쓸데없는 걱정으로 이어집니다. 생각이 앞서 나가기 시작하면 걱정은 가능성의 일부가 아니라 확정된 미래가 되어 버립니다. "일이 잘못될 거야." "뭔가 이상해." 생각은 불안을 낳고, 불안은 내면을 취약하게 만듭니다.

2. *과거에 집착하기*: 원인을 찾는 것 역시 인간의 능력입니다.

하지만 "다음에는 조심하자" 수준이 아니라 "왜 하필 나지?", "역시 나는 제대로 하는 게 하나도 없어", "만약 그랬다면 좋았을 텐데"처럼 지나간 일을 자꾸 곱씹는 방식으로 되풀이하면 이로울 게 없습니다. 우리의 정신이 만들어 낸 오래된 가상현실은 우울증으로 이어지기 쉽습니다.

3. 판단하기: 마음에 들지 않는 현실 앞에서 '판단'이라는 생각 습관이 발동합니다. "공평하지 않아", "이 일은 이렇게 되어야만 해" 하는 것이지요. 판단은 누군가를 미워하게 만들고, 짜증, 분노, 질투에 정당성을 부여합니다.

4. 멍하게 있기: 생각이 주로 작동하는 방식입니다. 기술이 넘쳐 나는 오늘날의 세상에서 우리는 그 어느 때보다도 멍하게 있거나 주의가 산만해지기 쉽습니다. 그럴수록 흥미나 의욕이 결여되고 타인의 생각에 동조할 가능성이 높아집니다.

생각과 사실을 구분하기

생각은 사실이 아닙니다. 생각은 생각일 뿐입니다. 제가 아무리 세상이 불공평하다고 불평한다고 해서 세상이 제 불평을 들어 줄 리는 없지요. 그 생각을 붙잡고 옳다고 우길수록(사실이라고 생각할수록) 저만 괴로워질 뿐입니다. 세상은 제 뜻대로 돌아가지 않을 게 분명하니까요.

"나는 뭔가 부족해", "난 제대로 하는 일이 없어" 같은 생각
도 마찬가지입니다. 그것 또한 나에 대해 떠오른 수많은 생각
중 하나일 뿐, 나에 대한 유일하고도 정확한 사실은 아닙니다.
이런 점들을 간과하면 타인에게 잘못된 방식으로 의존하게 될
수도 있습니다. 또 타인의 무례한 참견을 그럴 만한 일로 착각
하고 순응하게 되기도 하고요.

따라서 생각과 사실을 구분해서 바라봐야 합니다. 이때 어
떤 사람들은 "사실과 다른 생각이라면 안 하면 되는 거 아닌가
요?"라고 묻기도 합니다. 하지만 생각은 하지 않으려고 노력할
수록 더욱 떠오르는 경향이 있습니다. 바나나를 절대 떠올리
지 않겠다고 다짐해 보세요. 바나나가 당신의 머릿속을 결코
떠나지 않을 겁니다. 그러므로 생각하지 않겠다고 마음먹을
게 아니라, 생각 자체를 관찰자의 시점에서 바라보겠다고 마
음먹어야 옳습니다. 떠오르는 생각을 그대로 관찰하는 것입니
다. 이것은 생각에 빠져 생각을 사실로 착각하는 것과는 완전
히 다릅니다.

그러기 위해서는 말하는 방식을 바꾸는 게 도움이 됩니다.
예를 들어 생각이 과거를 거슬러 올라가 후회와 부정적인 자
아상을 만들어 내는 중이라면, 모르는 새 이런 말이 나올 겁니
다. "정말 바보 같아. 왜 그렇게 행동했지?" 이런 말투가 생각

을 사실처럼 느끼게 만듭니다. 생각과 사실을 구분하는 말투는 이렇습니다. "내가 바보 같다 생각하고 있군. 더 잘했으면 좋을 텐데 아쉽군."

꼭 기억하세요. "~ 같아"가 아니라 "~라고 생각을 하고 있군"이 맞습니다. 후회는 아쉬움으로 끝내면 됩니다. 부정적인 자기 판단으로 연결시켜서 괴로워할 필요가 없다는 점을 잊지 말기를 바랍니다.

홀로서기 훈련 3
: 내 행동을 지지하는 법

감정은 우리를 행동하게 만듭니다. 슬픔과 수치는 뒤로 물러나 숨도록 만들고, 공포와 불안감은 위험 상황으로부터 달아나게 하며, 분노는 정의를 위해 싸우도록 합니다. 감정이 합리적이라면 그에 따른 행동도 효과적일 겁니다. 하지만 감정을 왜곡해 받아들였다면 당장 행동을 멈춰야겠지요.

감정이 시키는 대로 행동하지 않고 의지에 따라 행동하고자 한다면 위에 설명한 두 가지 훈련이 선행되어야 합니다. 첫째로 감정에 이름을 붙인 뒤 온정적인 태도를 취합니다. 둘째로 자신의 생각을 사실이 아닌 생각으로 바라봅니다. 그러고 나면 지금 느끼는 감정이 합리적인지, 그렇지 않은지 판단할 수 있게 됩니다. 만약 비합리적이라면 감정이 시키는 행동과는 반대되는 행동을 하면 됩니다.

위에서 든 예를 다시 살펴볼까요. 상사의 지적에 분노를 느꼈습니다. 그 자리에서 벗어나 왜 그런 감정이 들었는지 따져 보니, 초등학교 때 친구들 앞에서 선생님께 크게 혼이 나서 수치스러웠던 기억이 납니다. 갑자기 상처받은 내가 좀 안됐다는 생각이 듭니다. 그랬더니 '나는 감정 조절도 못 하고 참 못났다'는 생각이 사라집니다. 그리고 '일을 잘해서 당당히 인정받고 싶다'라는 생각도 듭니다. 그러자 화를 낼 것이 아니라 보고서를 더 잘 써야겠다는 결심이 섭니다.

주체적인 행동은 의지에 따른 행동입니다. 그러기 위해서는 그 의지가 정말로 내 뜻인가를 곰곰이 짚어 봐야겠지요. 습관적인 행동이나 타인의 요구에 따른 행동을 의지적인 행동과 구분하는 것은 정말 중요합니다.

다음의 표가 도움이 될 것입니다. 이것은 각 감정이 일으키는 행동 충동과 그에 반대되는 행동을 정리한 것입니다. 감정이 타당하지 않다면 반대 행동을 하세요.

감정을 있는 그대로 느끼고, 생각을 사실로 착각하지 않으

감정	감정이 일으키는 행동	반대 행동
슬픔 소외 실망 우울	속도 늦추기, 뒤로 물러나기, 고립되기, 누워만 있기, 눈살 찌푸리기, 털썩 주저앉기, 울기, 활동하지 않기	움직이기, 잘하거나 좋아하는 일하기, 삶의 긍정적인 부분에 집중하기, 목욕하기
공포 불안 두려움 걱정 압도감	달아나기, 멈추기, 회피하기, 통제하려고 애쓰기	두려워하는 일과 마주하기, 다가가기, 포기하지 않고 다가가기
분노 짜증 좌절 성가심 초조 언짢음	공격하기, 욕하기, 비난하기, 불평하기	친절하게 피하기, 친절하게 행동하기, 배려심 갖기
혐오 경멸 반감 무시 반발	눈길 돌리기, 밀어내기, 얼굴 찡그리기, 먹거나 마시지 않기	가까이 다가가기, 제안하기, 친절 베풀기
질투 시기 분개	방해하기, 험담하기	내가 가진 것 돌아보기, 감사하는 연습하기
수치 당황 수줍음 창피 굴욕	숨기, 은폐하기, 항복하기, 지나치게 사과하기	믿을 만한 사람에게 솔직하게 터놓기, 사과하기, 바로잡기

죄책감 후회	사과하기, 지나치게 제공하기, 탓하기, 용서 구하기	문제 해결하기, 솔직하게 터놓기
사랑 염려 흠모 열정 애정	염려하기, 보호하기, 함께 시간 보내기	상대나 상대를 상기시키는 대상을 피하거나 주의를 다른 데로 돌리기

며, 행동을 주도적으로 이끄는 것. 이 세 가지 훈련에 집중할수록 우리는 세상의 편견에, 다른 사람의 시선에, 과거의 상처에 휘둘리지 않을 수 있습니다. 삶의 중심에 의지를 놓을 수 있습니다. 그럴수록 내면세계는 더욱 탄탄해집니다.

만약 당신이 지금까지 의존적인 태도를 보여 왔다면, 당신의 변화를 탐탁지 않게 여기는 이들이 많을 겁니다. 하지만 그 시선이 두려워 포기한다면 당신의 인생을 그들에게 다시 내맡기는 꼴이 됩니다. 뿌리가 약한 채로 사람은 건강하게 살 수 없습니다. 눈에 보이지 않지만 땅에 단단히 내려진 그 뿌리가 삶을 지탱해 주는 핵심임을 잊지 마세요. 그리고 감정과 생각과 행동을 돌보는 훈련을 통해 의지에 따라 삶을 이끄는 괜찮은 어른으로 성장해 나가길 바랍니다.

뿌리가 튼튼한 어른이 되는 법

뿌리가 튼튼한 사람, 즉 내면세계가 건강한 어른은 타인의 시선과 잣대에 구애받지 않고 확신을 가지고 자기 자신에게 가장 멋진 존재로 살아갑니다.

이런 사람이 되기 위해서는 먼저 자기 감정을 받아들이는 법을 배워야 합니다. 무엇이든 당신이 느끼는 감정은 매우 타당하니까요. 또 내 생각을 점검하는 법을 알아야 합니다. 생각이 그대로 흘러가도록 놔두지 말고, 생각과 사실을 제대로 구별하여 헛되고 부정적인 생각에 오래 머물지 않도록 해야 합니다. 마지막으로 뿌리 깊은 사람은 자신의 행동을 지지하는 법을 통해 길러집니다. 각 감정이 일으키는 행동과 그에 반대되는 행동을 정리한 표를 보면서, 기습적으로 찾아오는 감정에 휘둘리지 말고 자신의 행동을 의식적으로 취해, 스스로의 행동을 지지할 줄 알아야 합니다.

이 세 가지는 그동안 나를 힘겹게 했던 타인의 시선과 편견, 과거의 상처로부터 독립하여 단단한 어른으로 자라는 과정입니다. 감정과 생각과 행동을 돌보며 삶의 주인으로 거듭나기를 바랍니다.

10

애쓰지 않고 꾸미지 않아도
모두가 좋아하는 사람들의 비밀

-인간관계에서의 홀로서기

언젠가 백여 명의 직원을 둔 탄탄한 IT 중소기업의 CEO를 만나 이야기를 나누었습니다. 그는 경력직 매니저를 뽑는 문제로 고민이 깊었는데, 후보자들의 경력 사항뿐만 아니라 의사소통 능력, 삶에 대한 가치관 등 다양한 자질을 두고 심사숙고하고 있었습니다. 그 모습이 사뭇 의아해서 제가 물었지요. 지금까지 직원들을 뽑아 온 숱한 경험이 있고, 회사에서는 무엇보다 일하는 능력이 중요할 텐데, 왜 능력만 검증하지 않고 다방면의 자질을 두고 골치 아픈 고민을 하느냐고요. 그때 그가 대답하더군요. "라라, 사람을 뽑는다는 건 정말 간단치 않은 일입니다. 그의 능력만 오는 게 아니라, 그의 과거와 그의 세계가 함께 오기 때문이에요."

순간, 그 말이 제 머리를 퉁 치고 지나가는 것 같았습니다. 사람은 복합적인 존재입니다. 몸과 마음을, 이성과 감성을, 과거와 현재를 함부로 나누어 판단할 수 없지요. 과거의 아픈 기억은 현재의 삶에 막대한 영향력을 행사합니다. 또 몸이 아프면 예민해질 수밖에 없고요. 게다가 인간은 때로는 이성적으로는 하지 말아야 할 선택지를 고르는 매우 비합리적인 존재입니다. 그러니 한 사람을 두고 그의 능력만 쏙 빼내어 판단하는 것이 얼마나 우스운 일인가요. 그는 그간의 경험을 통해 이런 사실을 절절히 체득해 왔던 것입니다.

논리적으로 따져 봐야 갈등은 절대 해결되지 않는다

회사는 일을 위해 성인들이 모인 공간입니다. 또 역할과 책임과 권한이 명확히 나뉘어 있습니다. 그리고 (지금은 많이 바뀌고 있지만) 명령을 내리는 자와 따르는 자가 나뉘어 있는 위계적인 조직입니다. 그러므로 크게 갈등할 일도, 마음 상할 일도 없을 것 같습니다. 이성적으로 목표를 공유하고 가장 효율적인 방식을 찾아 함께 달려가면 그뿐이니까요. 이렇게만 보면 사람을 뽑는 문제도 매우 간단하게 해결할 수 있겠지요. 부족한 기능을 채워 줄 사람만 찾으면 되니까요.

하지만 우리의 직장 생활이 정말 그렇게 돌아가고 있나요? 회사에 필요한 역할을 해 주고 적절한 보상만 받으면 아무런 문제 없이 지낼 수 있던가요? 결코 그렇지 않습니다. 우리는 하루에도 몇 번씩 화가 나고, 비참해지고, 우울해지다가 사표를 내야 하나 진지하게 고민하게 됩니다. 비교와 평가, 비난과 무시가 난무하는 곳, 나의 정의와 너의 옳음이 끝없이 전투를 벌이는 곳, 그곳이 바로 회사이기 때문입니다.

그래서 우리는 회사에서 마음에 상처를 입습니다. 합리성, 효율성, 이성에 의해 돌아가는 공간인 회사에서마저 사람들이 가장 힘들어하는 것은 결국 마음의 문제입니다. 회사에서 갈등을 다룰 때 어려움을 겪는 이유도 마음이라는 관점에서 문제를 바라보지 않기 때문입니다. 힘들어하는 마음에 집중하지 않고는 아무리 이성과 논리로 무장한들 별 소용이 없습니다.

이는 비단 직장 생활에만 적용되는 이야기가 아닙니다. 동료, 친구, 배우자와 이야기를 나눌 때 감정이 고조되는 바람에 대화가 거꾸로 흘러간 적은 없었나요? 이때는 아무리 논리정연하게 자기 관점을 설명해 봐야 소용없습니다. 이미 감정이 건드려진 상대는 당신이 얼마나 똑똑한 이야기를 하든 귀 기울이지 않을 겁니다. 그는 상처받은 자기 마음이 하는 소리에만 주의를 기울이고 있을 테니까요. 그때 필요한 건 상대의 마

홀로서기 심리학

음이 하는 말을 들으려는 경청의 자세입니다. 그것을 건너뛰고는 온전한 해법을 찾을 수 없습니다.

인간관계는 단순한 교환 거래가 아닙니다. 우리는 신뢰와 염려라는 기반 위에 관계를 쌓아 나가고 싶어 합니다. 상대에게 좋은 사람, 의미 있는 존재가 되고 싶고, 힘들 때 내 애기를 들어 줄 한 사람이 있기를 간절히 바랍니다. 그래서 우리는 관계의 문제를 다룰 때 마음으로, 진심으로 다가가야 합니다. '나는 너에게 A를 줄 테니, 너는 B를 다오' 하는 자세는 갈등을 해결하는 현명한 방식이 아닙니다.

부탁은 민폐라고 생각하는
사람들이 저지르는 가장 큰 실수

저와 당신 사이에 펜이 있다고 쳐 봅시다. 당신은 제 가까이에 놓인 그 펜이 필요합니다. 이때 당신은 제게 요청하겠지요? "라라, 그 펜 좀 줄래요?" 그럼 저도 "네, 여기 있어요" 하며 편안하게 건넬 겁니다.

그런데 만약 그것이 펜처럼 간단한 물건이 아니라면 어떨까요? 예를 들어 시간과 노력이 들어가는 중요한 자료를 요청해야 한다거나, 부득이하게 자리를 비워야 하는 상황에 일을 대신 처리해 달라고 부탁해야 한다면요? 입이 쉽게 떨어지지 않겠지요. 어떻게 하면 승낙을 얻어 낼 수 있을까 고심에 고심을 거듭할 것입니다.

내 필요를 위해 다른 사람의 수고로움을 요청해야 할 때, 사람은 누구나 심적 부담감을 느낍니다. 그가 수락한다면 감사한 마음과 더불어 그가 나를 중요하게 여긴다는 느낌이 들어서 관계가 더욱 돈독해질 것입니다. 반대로 그가 거절한다면 뭔가 내동댕이쳐진 것 같은 기분이 들겠지요. 반대의 경우도 마찬가지입니다. 누군가가 우리에게 중요한 부탁을 해 올 때도 부담스럽기는 똑같습니다. 그 부탁을 들어줄 경우 내 몸이 힘든 대신 그의 인정을 얻겠지만, 거절할 경우 그의 실망을 견뎌야 하기 때문입니다.

부탁과 거절은 누구에게나 결코 가볍지 않은 문제입니다. 거절에 대한 두려움, 인정받지 못할 것 같은 불안감, 희생당할 것 같은 억울함 등이 함께 오기 때문입니다. 그리고 다루기 힘든 감정이 느껴질 때 사람들은 그 감정을 있는 그대로 관찰하기보다 재빨리 습관대로 행동하는 경향이 있습니다. 그리고 그 습관은 살아오면서 경험한 상처와 깊이 연관되어 있습니다. (4장에서 살펴본 승객의 비유를 떠올리면 이해가 쉬울 겁니다.)

홀로서기 심리학

에밀리는 왜 부탁을 꺼리게 되었을까

예를 들어 볼까요? 에밀리는 부탁을 하는 것도, 부탁을 받는 것도 매우 싫어하는 사람입니다. 그녀는 부탁은 곧 민폐라고 생각합니다. 왜냐하면 '사람은 전부 자기만 생각하는 이기적인 동물'이라고 여기기 때문입니다. 그녀는 누군가가 부탁을 해 오면 '저 사람이 나를 이용하고 말 거야'라고 생각합니다. 그런 판단이 비록 냉소와 무력감을 불러일으키긴 하지만, 그래도 섣불리 기대를 걸었다가 실망하는 아픔보다는 낫다고 느낍니다.

에밀리는 왜 이런 심리적 습관을 갖게 되었을까요? 어려서 부모의 잦은 싸움과 엄마의 가출, 아버지의 폭력을 경험했던 에밀리는 공포와 두려움을 다루기 위해서 '세상엔 나 혼자다', '내가 나를 챙기지 않으면 아무도 나를 돌보지 않는다'는 생각을 깊이 새겼습니다. (에밀리의 차량에 승객이 탑승한 순간이지요.) 그녀에게 세상은 전쟁터와 같습니다. 믿어야 할 사람은 자기 자신뿐, 누구에게도 함부로 의지해서는 안 됩니다. 누군가가 부탁을 해 오면 에밀리는 저의를 의심하는 버릇이 있었습니다. '저러는 의도가 뭘까? 잘못하다간 이용당할지도 몰라.'

하지만 위의 과정은 에밀리조차도 의식하지 못한 채 습관적으로, 자동적으로 이루어졌습니다. 그녀는 자주 이렇게 말했습니다. "지난번에 팀장님이 준비도 안 되어 있으면서 회의 시간을 잡으시더라고요. 팀장 정도면 회의 자료는 미리 공유해야 당연한 거 아닌가요?" "팀원이 보고서를 작성하면서 뭐가 잘 안 풀리는지 자꾸만 저한테 이것저것 묻더군요. 3년 차가 되었으면 그 정도는 스스로 해야 당연한 거 아닌가요?"

에밀리는 '사람'이라면 '당연히' 제가 맡은 일 정도는 가뿐히 해내야 정상이라고 습관처럼 말하곤 했습니다. 본인도 그 기준에 들기 위해 누구보다 열심히 일했고요. 하지만 동료들과의 관계는 결코 좋지 못했습니다. 부족한 부분은 서로 도움을 요청하고 돕는 것이 일하는 사람의 기본적인 태도입니다. 하지만 사람들에게 기대하는 기본의 문턱이 너무 높은 에밀리를 동료들이 피하게 되는 건 당연한 일이었지요.

관계에서
홀로 선다는 것의 진짜 의미

에밀리처럼 부탁은 민폐라고 여기는 사람들이 알아야 할 것이 있습니다. 첫째는 제아무리 뛰어난 사람이라도 모든 일을 혼자 해결할 수는 없다는 점입니다. 우리는 모두 도움을 주고

홀로서기 심리학

받아야 생존이 가능한 생명체라는 점은 굳이 설명하지 않아도 알 수 있지요. 둘째는 사람들이 꼭 이기적이지만은 않다는 사실입니다. 이득이 없어도, 누군가에게 도움이 될 수 있다는 사실만으로도 사람들은 기꺼이 움직입니다. 마지막으로 셋째는 부탁은 가장 인간적인 행동이자 서로를 성장시키는 일이라는 점입니다.

제대로 된 부탁은 진정한 욕구를 채우기 위해 상대에게 무엇을 해 달라고 정중하게 요청하는 것입니다. 그런데 사람들은 진정한 욕구를 파악하는 데 꽤 애를 먹습니다. 그 욕구는 자신의 연약한 부분과 관련이 있기 때문입니다. 친밀한 관계를 맺고 싶다, 배려받고 싶다, 소속감을 느끼고 싶다, 치유되고 싶다, 중요하게 여겨지고 싶다…. 우리의 내면에는 이런 욕구들이 자리 잡고 있습니다. 만약 누군가에게 이것을 내보였다가 거절당하면 얼마나 상처가 크겠습니까. 실제로 크게 상처를 받은 적이 있다면 그 아픔은 오래가겠지요.

그래서 사람들은 진정한 욕구를 그대로 내보였다가 거절당할 것을 대비해 다양한 방어막을 구축합니다. 원하는 바를 먼저 요청하지 않고 상대가 당연히 그 일을 해 주기를 기다립니다. 만약 알아서 해 주지 않으면 상대를 비난합니다. "내가 당신한테 얼마나 잘해 줬는데, 뻔뻔하기는." 때론 날 선 비교도

합니다. "지난번 매니저는 안 그랬는데, 너무 눈치가 없네." 제일 많이 사용하는 방어막은 합리화입니다. 잘못은 알아서 하지 않는 당신에게 있다는 것이지요. "저 사람이 제대로 못 하니, 내가 싫어하는 건 당연하지."

이것들은 두려움, 부담감, 불안감 앞에서 자동으로 작동되는 각자의 심리적인 습관입니다. 에밀리의 경우 '사람이라면 당연히 그 정도는 알아서 해야 한다'는 태도였고요. 사실 에밀리의 마음속 깊은 곳에는 외려 따뜻한 돌봄을 받고 싶다는 욕구가 있었습니다. 하지만 부모로부터 차갑게 내쳐진 경험 때문에 에밀리는 돌봄과 안전에 대한 욕구 위에 세상과 사람에 대한 불신을 덮어씌웠습니다. 그녀는 차갑게 동료들을 평가하고 비난했지만, 그런다고 해서 돌봄에 대한 욕구가 충족되는 것은 결코 아니었습니다. 오히려 그렇게 행동할수록 진정한 욕구와는 멀어졌고, 이것이야말로 에밀리가 심리적으로 가장 취약한 부분이었습니다.

결국 물어야 할 가장 중요한 질문, "나는 이 관계에서 무엇을 원하는가?"

우리는 어느 정도 결함을 가진 존재입니다. 그래서 무언가를 원할 수밖에 없고, 타인에게 기대어 살 수밖에 없지요. 다른 사

람을 기꺼이 도우려고 하는 것도 이 때문이고요. 앞서 부탁을 인간적인 행위라고 말한 이유가 바로 이것입니다. 부탁은 우리 모두의 가장 약하면서도 인간적인 면을 드러내는 행동입니다.

만약 진정한 욕구가 무엇인지 파악하고 있다면 상대를 비난 하는 대신 필요한 것을 제대로 요청할 수 있게 될 것입니다. 그런 점에서 갈등을 해결하기 위해서는 이 질문이 가장 중요합니다. "나는 이 관계에서 무엇을 원하는가? 나에게 숨은 진정한 욕구는 무엇인가?"

그 질문에 답하기 위해서는 자동으로 반응하는 심리적인 습관에 일시 정지 버튼부터 눌러야 합니다. 불안, 두려움이 자극받는 순간 감정에 휩쓸려 생각하고 행동하지 말고, 그것을 있는 그대로 관찰하는 훈련이 필요합니다. 그리고 자신이 다루기 힘들어하는 감정이 어디서부터 기인했는지, 그 안에 숨어 있는 진정한 욕구는 무엇인지 스스로 파악해야 합니다. (9장에서 살펴본 홀로서기 훈련이 도움이 될 것입니다.)

관계에서 홀로서기란 혼자서 모든 일을 해내겠다며 울타리를 높게 치는 것이 아닙니다. 반대로 자신의 약한 부분을 이해하고 받아들이며, 진짜 욕구를 찾아내고 그것을 채우기 위해 상대에게 도움을 요청하는 행동입니다. 나와 타인에 대해 열린 태도로 임하는 것입니다. 그런 사람은 쉽게 부러지지 않아요. 어려움이 닥쳐도 솔직하고 유연하게 대처할 수 있을 테니까요. 그래서 홀로 설 수 있는 사람만이 타인과 함께 나아갈 수 있습니다. 서로 돕고 도우면서 말이지요.

솔직하고 자연스러운
태도가 정말 중요한 이유

자신의 약점을 편안하게 대하고, 상대에게 자연스럽게 원하는 바를 부탁하는 사람은 대인 관계에서 날카롭고 공격적으로 반응하는 일이 적습니다. 다른 사람들이 그를 대할 때도 숨은 의도를 추측할 필요가 없으니 부담감이 적습니다. 굳이 애쓰고 꾸미지 않는데도 호의를 베풀려는 사람들이 늘어납니다. 인간적인 면을 솔직히 드러낼 때 나타나는 놀라운 관계의 변화입니다.

그렇다면 구체적인 갈등 상황에서 어떻게 하면 솔직하고 자연스럽게 부탁을 할 수 있을까요? 에밀리의 경우를 통해서 한번 알아봅시다.

팀장이 자료 공유도 되지 않은 상황에서 회의 시간을 잡자고 이야기합니다. 그때 에밀리는 '팀장이라면서 회의 준비도 제대로 안 하다니, 능력이 없군' 하고 속으로 비난했습니다. 그리고 필요한 자료를 혼자서 끙끙 마련합니다. 또 생각하지요. '역시 인생은 혼자야. 내 어려움을 받아 줄 사람은 없어.'

에밀리의 마음은 왜 이렇게 흘러간 걸까요? 팀장은 회의 시간을 잡자고 했는데, 그에 대해 에밀리는 '회의 자료가 없는데'라는 데 생각이 미쳤고, 갑자기 가슴이 두근거림을 느꼈습니다. 즉 그녀는 '내가 회의 자료를 준비해야 하는 건가?' 하는 생각에 갑자기 무력감과 피로감을 느꼈습니다. 그러자 날 선 마음은 팀장을 비난하기에 이르렀고, 결국 '인생은 혼자야'라는 자신의 심리적인 습관을 더욱 강화하게 되었습니다.

그렇다면 에밀리의 진짜 욕구는 무엇일까요? 에밀리는 쉬고 싶었습니다. 모든 걸 책임지고 해내야 한다고 여기니, 마음은 늘상 지치고 예민해져 있었습니다. 하지만 그녀는 함부로 쉬어선 안 된다고 느꼈습니다. 인생은 원래 고통스러운 것이고, 스스로 책임져야 한다고 생각했으니까요. 그러다가 누군가가 예민한 마음을 건드리면 속으로 봇물 쏟아내듯 비난을 퍼부었습니다. 그러면서도 제대로 부탁하지는 못했지요. 속된 말로 '욕하면서 일하는' 습관이 몸에 배어 있었습니다.

그렇다면 에밀리는 어떻게 해야 할까요? 우선 상황을 있는 그대로 관찰해야 합니다. '팀장이 회의를 하자고 했다'는 사실에만 집중해 보는 겁니다. '아무런 준비 없이 회의를 하자니, 역시 팀장은 책임을 떠넘기는 사람이군.' 이것은 에밀리의 심리적인 습관이 왜곡한 판단입니다. 여기까지 생각이 이어지지 않게끔 팀장의 말 자체만 관찰합니다.

그러고 나서 감정을 느껴 봅니다. 불안, 무력감, 피곤함이 느껴지면 그것을 있는 그대로 인정합니다. 감정적으로 행동하거나 공격적으로 대응하지 마세요. 그리고 그것이 무엇을 말해 주고 있는지 살펴봅니다. 그 과정이 순탄치 않아도 포기하지 않으면 진정한 욕구를 발견할 수 있습니다. '쉰다고 해도 나를 비난하는 사람은 없어. 나는 충분히 쉴 자격이 있고 그래도 사람들은 나를 좋은 사람으로 바라볼 거야.'

그러고 나면 이제 에밀리는 팀장에게 무엇을 요청해야 하는지 명확해집니다. 일의 적절한 분배, 회의 시간 미루기 등 팀장이 결정할 수 있는 수준의 대안들을 떠올릴 수 있겠지요. 그러면 괜히 팀장을 미워할 일도 없고, 억울하게 일하는 버릇에서도 자유로워질 수 있습니다. 팀장 역시 그녀를 위해 무언가를 해 줄 수 있다는 사실에 기쁘게 될 것이고요.

당신도 에밀리처럼 의도치 않게 튀어나온 공격적인 말투, 상대를 향한 뾰족한 비난, 나만 희생한다는 억울함 때문에 원하는 것을 얻지도 못한 채 괜히 관계만 망치고 나서 후회했던 적이 있지 않나요? 그렇다면 '내가 이 상황에서 정말 원하는 것은 뭘까?' 하고 질문해 보세요. 그리고 욕구 충족을 가로막는 심리적인 습관에 제동을 거세요. 그 과정은 관찰, 욕구의 탐색, 요청으로 이루어진다는 점을 기억하길 바랍니다.

상처 주지 않으면서
원하는 것을 얻는 대화법

있는 그대로 상황을 관찰하고 감정을 느끼려고 노력할수록 우리는 습관적이고 자동적인 반응에서 벗어나 진정한 욕구에 더욱 가까이 다가갈 수 있습니다. 그럴수록 부탁은 쉬워지고 부드러워지지요.

이것은 상대방의 요청을 들어주는 입장이 되어도 마찬가지입니다. 만약 누군가가 당신을 향해 기분 나쁜 비난을 하거나 공격적인 행동을 보인다면 (정말로 당신을 공격하려는 의도를 가지지 않는 이상) 그에겐 충족되지 않은 욕구가 있다고 파악해야 합니다. 그것을 어떻게 표현해야 할지 몰라 어설픈 방식을 택했다고 이해해야 합니다.

예를 들어 양말을 제대로 벗어 놓지 않았다고 배우자가 "양말도 아무데나 놓고, 정말 더러워 죽겠어!"라고 이야기했습니다. 그때, 기분이 나빠져서 "그러는 너는 얼마나 깨끗하냐!"라고 대꾸하면 문제는 악화하고 관계는 망가집니다. 이때는 습관적인 판단과 비난으로 흐를 게 아니라 현재 상황으로 돌아와야 합니다. 무엇이 문제가 되었는지 있는 그대로 관찰해야 합니다.

양말을 빨래 통이 아닌 화장실 옆에 두었습니다. 그러면 이렇게 대답하면 좋습니다. "양말을 화장실 옆에 둔 것을 보고 더럽다고 생각했구나." 이 한마디만으로 상황을 진정시킬 수 있습니다. 더럽다는 것은 상대의 판단일 뿐임을 상대가 받아들일 수 있는 방식으로 말하는 것이니까요. 그렇게 관찰로 돌아오면 대화의 물꼬를 틀 수 있습니다. "더럽다고 했는데, 왜 그런 생각이 들었어?" 하고 묻는 순간 상대는 자동적인 반응을 멈추고 자신의 감정을 하나하나 들여다볼 수 있게 됩니다.

그래서 경청이 정말 중요합니다. 경청이란 상대의 말을 있는 그대로 듣고 반영해 주는 것입니다. 몸짓으로, 어조로, 말투로 당신의 말을 정확히 듣고 있다고 표현하는 일입니다. 그래서 경청하는 사람은 다른 생각을 할 틈이 없습니다. 만약 대화 도중에 다음에 할 말을 생각하거나 상대와 문제를 판단하고 있다면 이미 딴생각이 끼어든 것입니다.

경청의 효과는 대단합니다. 우선 말하는 사람이 대화의 과정에서 스스로를 돌아보고 상황을 관찰하게 됩니다. 그리고 자신의 말이 온전히 받아들여지는 경험을 하면서 둘의 관계가 더욱 돈독해집니다. 이때 피어난 믿음은 무엇과도 바꿀 수 없는 소중한 것입니다. 그는 두려운 마음을 조금씩 내려놓게 됩니다. 자동적인 반응에서 벗어나 진정한 욕구에 다가갈 용기를 내게 되는 것이지요. 그렇게 진짜 원하는 것이 무엇인지를 알게 된 그는 공격적인 말투와 행동을 멈추고 비로소 제대로 부탁할 수 있게 됩니다.

진정한 욕구에 기반해서 부탁을 했을 경우에는 그다지 마음이 상하지 않습니다. 요청하는 내용이 구체적이기 때문에 상대가 거절해도 '내가 싫어서', '네가 못돼서'라기보다는 '그 내용이 적절하지 않아서' 혹은 '상황이 여의치 않아서'라고 이해할 수 있습니다. 그러면 다른 대안을 찾아 나설 수 있습니다. 괜한 미움과 원망에 에너지를 쏟을 필요가 없지요.

상대를 비난하고 공격하는 것은 우리의 진짜 모습이 아닙니다. 원하는 것을 잘 모르기 때문에 나온 서투른 모습일 뿐입니다. 서로의 진정한 욕구를 내보이고 존중받을 때 우리는 부탁과 거절을 부드럽게 다룰 수 있습니다. 그래서 갈등이 생겼을 때 언제나 마음이 중요합니다. 마음을 보면 굳이 해결책이 없

홀로서기 심리학

어도 문제가 해소되니까요.

　미국의 사상가 랄프 왈도 에머슨은 말했습니다. "세상에서 세상의 뜻에 따라 사는 것은 쉬운 일이다. 혼자의 세계에서 자신의 생각에 따라 사는 것은 쉬운 일이다. 그러나 진정 위대한 사람은 군중 속에서 독립된 개체로 즐겁게 살아가는 사람이다." 우리가 겪는 괴로움 대부분이 사실 인간관계에서 비롯된다고 해도 과언이 아닙니다. 충돌할 수밖에 없는 '나의 욕구'와 '너의 욕구'를 원만하게 조절하면서 서로 마음을 해치지 않고 존중하는 법을 배워야 합니다. 그리고 그것은 내 마음을 잘 알고 표현하는 것으로부터 시작합니다. 그럴 때 우리는 비로소 서로에게 호의를 베풀며 인간적으로 성숙하고, 더욱 돈독한 관계를 맺을 수 있습니다.

　앞서 인간은 누구나 몸과 마음, 이성과 감성, 과거와 현재의 이야기를 지닌 복잡한 존재라고 했습니다. 한 사람은 하나의 세계와도 같지요. 그렇기에 자신의 존재를 존중받고 사람들과 의미 있는 교류를 할 때 기쁨과 충만함을 느끼는 것이 당연합니다. 각자도생의 시대라지만, 사실은 그러한 중에도 누군가에게 의미 있는 존재가 되고, 무언가 필요할 때는 스스럼 없이 도움을 요청할 수 있을 때 인간은 존재 본연의 행복을 느끼게 됩니다.

인간관계에서 진정으로 홀로 서는 법

인간관계에서 홀로서기란 혼자만의 틀을 만들고 혼자서 모든 것을 해내겠다는 의지를 발휘하는 것이 아닙니다. 진정으로 홀로 서기 위해서는 부탁하기를 두려워하지 않는 마음부터 가져야 합니다.

타인에게 무언가를 부탁하는 것은 그리 쉬운 일이 아닙니다. 기본적으로 부탁이라는 건 나의 필요로 인해 다른 사람이 수고를 해야 하는 일이기 때문이지요. 또한 부탁하는 입장에서는 거절에 대한 두려움, 부탁받는 입장에서는 희생당할지도 모른다는 억울함을 감수해야 합니다.

하지만 이 모든 부담으로 인해 타인에게 일절 기대지 않고 살아가기란 불가능합니다. 인간관계에서 진정으로 홀로 선다는 것은 나와 상대 모두에게 마음을 활짝 열고, 도움이 필요할 때는 의존도 할 줄 아는 현명한 사람이 되는 것입니다. 인간은 서로 도움을 주고받지 않고는 생존이 불가능한 생명체니까요. 그런 사람만이 어떤 어려운 일 앞에서도 움츠러들거나 무너지지 않고 유연히 대처하며 살아갈 수 있습니다.

상대를 비난하지 않으면서
마음을 표현하는 4단계 대화법

이 장의 내용은 상당 부분 비폭력대화에서 도움을 얻었습니다. 비폭력대화는 상대를 비난하지 않으면서 마음을 솔직하게 표현하는 대화법입니다. 갈등이 생겼을 때 상처를 주지 않고 서로의 욕구를 존중하면서 해법을 찾을 수 있고, 그것이 가장 인간적인 소통 방식임을 알려주지요.

비폭력대화는 4단계로 이루어집니다.

1단계 관찰: 있는 그대로 보고 듣는다.
2단계 느낌: 몸과 마음에서 일어나는 반응을 표현한다.
3단계 욕구: 느낌을 일으키는 욕구, 원하는 것을 찾아낸다.
4단계 부탁: 우리 삶을 풍요롭게 하기 위해 구체적인 행동을 부탁한다.

비폭력대화가 직장에서 어떻게 적용되는지 사례를 들어 볼

게요. 서로 다른 부서에 속한 직원들이 모여 회의할 경우 이해 관계가 충돌할 때가 많지요. 만약 새로운 제안을 건넸는데, 상대가 방어적인 태도로 나온다면 어떻게 해야 할까요?

1단계 관찰 : "매니저님이 그 제안에 대해 현실적으로 어렵다고 하셨을 때"

2단계 느낌 : "참 막막한 느낌이 들었습니다."

3단계 욕구 : "저는 가능 여부에 대한 구체적인 자료가 필요하기 때문입니다."

4단계 부탁 : "혹시 추가 검토를 해 보시면 어떨까요?"

현실에 바로 적용하기에는 훈련이 필요합니다. 하지만 비폭력대화를 아는 것만으로도 습관적인 반응을 한 번 더 돌아보게 됩니다. 회사에서 비판과 비난, 네 탓 내 탓으로 마음에 상처를 입고 생산성도 떨어진다면 의사소통 과정 중 무엇이 잘못되었는지 대화법을 점검해 보시길 바랍니다.

홀로서기 심리학

11

후회 없이 사랑하고
사랑받을 줄 아는 사람이 되는 법

—사랑에서의 홀로서기

상담실이 아닌 곳에서 만나는 사람들이 사랑 때문에 고민이라고 할 때마다 제 대답은 한결같습니다. "하세요, 사랑. 귀찮다고 미루지 말고, 지쳤다고 피하지 말고요."

마음에 큰 병을 앓고 있지 않는 이상, 사랑은 어른의 삶을 성장시키는 가장 큰 원동력입니다. 사랑에 빠진 연인들이 어린아이같이 말하고 유치한 장난을 치면서 깔깔거리는 모습을 본 적이 있나요? "나 예쁘지?" 물으면 "응, 정말 예뻐" 하는 대답을 듣고는 좋아하는 모습을 본 적이 있나요? 매우 '닭살스러운' 행동임을 알면서도 그러는 까닭은, 그것이 바로 과거 어느 순간에 상처받은 자신을 치유하는 과정이기 때문입니다. 어린 시절에 충족되지 못한 사랑을 현재의 관계를 통해 채워 나가려고 하는 것입니다.

살아가면서 자존감이 꺾이는 순간이 얼마나 많던가요. 세상이 요구하는 각종 '스펙' 앞에서 '나는 고작 이 정도밖에 안 되나 보다' 하고 좌절하는 일은 얼마나 자주 찾아오던가요. 그럴 때 사랑은 점수가 아닌 있는 그대로의 내 모습에 집중해 줍니다. 내가 여전히 괜찮은 사람이라고 믿어 주고, 더 나은 사람이 될 거라고 이야기해 줍니다. 그래서 성장을 위한 노력을 포기하지 않게 도와줍니다. 그런 점에서 사랑은 웬만한 약 처방보다 훨씬 효과적입니다.

그런데 사랑이 좋다고 해서 모두가 잘하는 것은 아닙니다. 괜찮은 사람을 만나고 사랑에 빠져서 즐거운 감정만 느낀다면 우리가 사랑 때문에 눈물 흘리고 괴로워하는 일은 없겠지요. 사랑이 주는 기쁨과 슬픔을 넘어서 인간으로서 한 단계 성장하기 위해서는 사랑에 마음을 여는 것 외에 지식과 훈련이 필요합니다. 인내와 노력도 필요하지요.

특히 사랑은 매우 미묘한 특성이 있습니다. 사랑하는 사람에게 둘도 없는 친밀함을 느끼지만, 동시에 그와 하나가 되지 않도록 적절한 거리를 유지해야만 하지요. 둘이 함께하지만 홀로 있을 수 있는 능력, 독립성과 개성을 존중하면서도 뜨거

홀로서기 심리학

운 관심을 유지할 수 있는 능력이 필요합니다. 그래서 사랑을 잘하고 싶다면 눈을 크게 뜨고 사랑에 대해 배워야 합니다. 그렇지 않으면 사랑이 날카로운 칼날이 되어 서로를 베는 것은 한순간입니다.

아무리 사랑해도 외로움은
결코 사라지지 않는다

사랑에 대한 유명한 신화가 있습니다. 플라톤의 〈향연〉에서 희극 작가 아리스토파네스가 이야기한 것이지요.

원래 인간은 네 개의 팔과 네 개의 다리, 그리고 두 개의 성기를 갖고 있었습니다. 그는 앞뒤 자유자재로 움직일 수 있었고, 엄청나게 빠르며, 힘이 셌고, 아주 거만했습니다. 결국 그는 막강한 힘으로 신을 위협하기에 이르렀고, 이에 분노한 제우스는 그를 둘로 갈라놓았습니다. 그때부터 인간은 자신의 반쪽을 찾아 헤매게 되었습니다.

이 신화에 따르면 사랑은 '자신의 잃어버린 반쪽을 찾아 다시 완벽한 하나로 합치되려는 열망'입니다. 그런데 인간의 탄생과 성장 과정을 살펴보면 이 신화가 보여 주는 통찰이 놀라

울 따름입니다. 우리는 모두 엄마의 배 속이라는 완벽한 세상에서 탄생합니다. 배 속 아이는 추위도, 더위도, 배고픔도 모른 채 편안하게 자랍니다. 그러나 태어나는 순간부터 시련이 시작됩니다. 세상은 춥고 배고프고 불편한 것투성입니다. 무언가가 필요하거나 어디가 아프면 울어서라도 도움을 요청해야 합니다. 그러다가 생후 6개월쯤 되어 비로소 아기는 엄마와 자신이 분리된 몸이라는 사실을 깨닫고 우울해집니다. 바로 이때가 인간이 우울을 경험하는 최초의 시기입니다.

엄마의 배 안이라는 완벽한 세계로부터 떨어져 나온 인간이 다시 완벽해지기를 꿈꾸는 것. 한번 태어난 사람이 엄마의 배 속으로 다시 들어갈 수 없듯, 그것이 한낱 꿈에 불과할지라도 완전했던 과거를 죽을 때까지 그리워하는 것. 이것이 아리스토파네스가 말한 사랑이라는 감정의 본질입니다.

그런 점에서 사랑은 인간의 숙명인지도 모릅니다. 그런데 참으로 고약한 숙명이지요. 살아 있는 내내 잃어버린 반쪽을 찾고 싶어 하지만, 그 반쪽을 찾아서 온전히 하나가 되기는 불가능하기 때문입니다. 아무리 완벽한 상대를 만나도 그와 나는 서로 다른 사람일 뿐입니다. 그가 과거에 나를 품어 주었던 내 엄마의 자궁이 되어 줄 리는 만무합니다. 그래서 사랑할수록 우리는 외로워집니다. 그와 내가 한 몸이 될 수 없다는 명징

한 사실 때문에 더욱 몸서리쳐지는 외로움이지요.

하나가 되려고 노력할수록 더욱 멀어지는 사랑의 역설

그러므로 외로움을 사랑의 한 조각으로 받아들여야 합니다. 아무리 사랑해도 외로움은 해소할 수 없습니다. 그런데도 사랑하면 외롭지 않아야 한다는 믿음을 가지고 그와 하나가 되기를 꿈꾸면, 오히려 상대와 더욱 멀어지는 역효과가 나타납니다.

제가 상담실에서 만난 많은 이들이 사랑 앞에서 가장 당황할 때가 언제인지 아나요? 바로 헌신할수록 그 사람과 멀어지는 상황이었습니다. 일이나 공부는 노력할수록 더 좋은 성과가 나는데, 사랑에 있어서만큼은 헌신하는 사람이 더욱 불행해지고 마는 이상한 일이 벌어집니다. 그럴 때 그들은 상대에게 더욱 희생하는 방법으로 관계를 개선하려고 애씁니다. 하지만 그런 노력은 어김없이 이별이라는 결과로 이어지곤 했지요.

제시카도 마찬가지였습니다. (앞서 2장에서 살펴보았듯) 그녀는 감정적으로 행동하고 타인에게 의존하려는 경향이 강했습니다. 사랑 앞에서도 마찬가지여서, 어느 때는 상대의 사랑을 확인하려고 일부러 냉담하게 굴다가 그가 한 걸음 뒤로 물러서는 것 같으면 갑자기 불안해하며 지나치게 매달리는 모습을 보이곤 했습니다.

이런 성향은 남자 친구가 도시를 떠나 장거리 연애를 하면서 더욱 심해졌습니다. 제시카는 그와 전화 연결이 되지 않으면 갑자기 저녁을 싸 들고 세 시간을 운전해 그를 보러 가곤 했습니다. 남자 친구가 차가워질수록 제시카는 좋은 여자 친구가 되려고 노력했습니다. 다정하게 행동했고 재미있는 이야깃거리를 준비했지요. 당연히 그녀가 원하는 것들은 제대로 요구하지 못했고요.

저는 제시카에게 남자 친구에게 지나치게 헌신하는 이유의 정체를 들여다봐야 한다고 이야기했습니다. 하지만 그녀는 이렇게 대답했죠.

"저는 밀고 당기는 게임은 하고 싶지 않아요. 그건 너무 교활해요. 저는 진실한 관계를 원해요. 이것저것 계산하고 싶지 않아요."

제시카의 자발적인 헌신이 자기 성에 차는 행동이었을지 몰라도, 남자 친구의 입장에선 매우 숨이 막히는 일임이 분명합니다. 사람은 자기 뜻대로 결정하고 행동하고자 하는 강렬한 욕구를 가진 존재입니다. 자유에 대한 열망이 얼마나 큰지, 부모로부터 자율성을 훼손당한 아이들은 심지어 자살을 택하기까지 합니다. 자기 뜻대로 살 수 없다면 차라리 죽음을 택할 수도 있는 것이 인간입니다. 그러니 숨 쉴 구멍 하나 허락하지

않는 제시카의 지나친 관심에서 남자 친구가 달아나고 싶은 것은 당연했지요.

사랑하는 사이일수록
거리 두기가 필요한 이유

제시카는 남자 친구를 붙잡기 위해 더욱 애쓸 게 아니라, 자신이 그렇게 행동하는 이유를 차근차근 살펴봐야 합니다. 제시카는 남자 친구와 헤어지는 것을 극도로 두려워했습니다. 남자 친구가 불완전한 자신을 완벽하게 채워 줄 거라고 기대했지요. 그와의 이별은 곧 부족하고 못나고 볼품없는 자신으로 돌아감을 의미했습니다. 그것이 두려웠기에 그녀는 안간힘을 써서라도 그를 곁에 두려고 했던 것이었지요.

그러나 나를 완벽하게 채워 줄 타인은 이 세상에 존재하지 않습니다. 앞서 말했듯 그것은 엄마의 품으로 돌아가고 싶어 하는 퇴행적인 행동일 뿐입니다. 더 나은 나를 만들 수 있는 사람은 오직 나뿐입니다. 인생은 혼자 오를 수밖에 없는 산행입니다. 곁에 있는 사람들이 힘내라고 응원해 줄 수 있을지는 몰라도 그 길을 대신 걸어가 주진 못합니다. 아무리 사랑하는 사람이라도 마찬가지입니다. 너무나 투명하고 명백한 진실이기에 때론 인정하기가 두렵지요. 그러나 거부해 봐야 자신에게 이로울 게 없습니다. 타인이 못 해 주는 걸 끝내 포기하지 않은 채 기대하고 실망하는 것만큼 어리석은 일도 없으니까요.

냉정히 말해 제시카는 남자 친구를 사랑했다고 할 수 없습니다. 부족하고 못나다고 여기는 자기 자신을 대할 때 느껴지는 두려움과 불안을 잠재우기 위해 남자 친구를 이용했다고 봐야 합니다. 그것은 사랑이 아니라 욕심입니다. 자기만족에 불과합니다. 사랑은 상대가 더 나은 사람으로 성장하는 데 필요한 것을 제공하려는 배려이자 의지입니다. 내가 원하는 대로 행동하는 게 아니라 그가 원하는 것을 건강한 방식으로 주는 것입니다.

그러기 위해서 제시카는 남자 친구가 자기와 다른, 자유로운 의지와 욕구가 있음을 인정해야 합니다. 완벽한 하나가 되기 위해 두 사람이 만난 것이 아니라, 각자 더 잘 살기 위해 만났다고 생각해야 합니다. 그리고 그가 어떤 선택을 하든 그것을 존중해 주어야 합니다. 그 선택이 이별일지라도 말입니다. 결국 그의 인생은 제시카가 대신할 수 없는 그의 것이니까요.

처음 사랑하는 사람을 만났을 때를 떠올려 보세요. 나와는 다른 매력, 사고방식, 생기 넘침에 반하지 않았던가요? 그런 그 사람이 연애를 할수록 자꾸만 나와 비슷해진다면 어떨까요? 내가 반했던 모습은 온데간데없고, 나와 쌍둥이 같은 사람만 곁에 남는다면요. 더 이상 그에게 사랑을 느끼지 못하겠지요. 사랑하는 사람과 하나가 되려는 욕망은 이와 비슷합니다. 그의 개성과 독특함을 죽이는 일이지요. 그러니 사랑하는 사람을 자유롭게 해 주세요. 그의 생동감이 더 살아날 수 있게 도와주세요. 사람은 자신을 더 낫게 만들어 주는 사람 곁을 절대 떠나지 않습니다. 그것이야말로 애쓰지 않고도 단단한 관계를 만들어 나가는 사랑의 역설입니다.

진정한 사랑은 상대를
더 자유롭게 해 주려는 의지

사랑하는 사람과 적절한 거리 두기에 실패할 때 받게 되는 상처는 어마어마합니다. 사랑하는 사람을 독립적인 존재가 아니라 자신의 연장선에 있다고 여기면 그를 마음대로 휘두르려고 하지요. 사랑한다면서 그의 뜻을 무시하고, 싫어하는 일을 하려고 하면 못 하게 막습니다. 사랑한다면 이 정도는 해 줘야 하는 거 아니냐며 욕심을 부리고 강요하고 몰아붙입니다.

홀로서기 심리학

그래도 그가 바라는 대로 행동하지 않으면 가시 돋친 말로 협박하고 상처를 줍니다. 특히 사랑하는 사람이 주는 상처는 지울 수 없는 고통을 남길 수 있습니다. 서로에 대해 잘 아는 만큼 상처받기 쉬운 연약한 부분을 직접적으로 건드리기 때문입니다. 그래서 가슴 아프게도 우리와 가장 가까운 사람들이 가장 큰 상처를 줍니다. 상대방을 어떻게 하면 아프게 만들 수 있는지 너무나 잘 알고 있으니까요.

상담실을 찾는 사람들 대부분이 사랑이라는 이름으로 행해진 폭력 앞에서 마음을 다친 이들입니다. 자신이 폭력을 가하고 있는지도 모르고 가까운 사람들에게 상처 주는 이들을 볼 때마다 마음이 무겁습니다. 그들은 자기가 무슨 짓을 저지르고 있는지도 모릅니다. 정말로 상대를 위한 행동이라고 철썩같이 믿고 있지요. 그래서 우리는 사랑이 무엇인지 제대로 알아야 합니다. 나와 가까운 사람들을 지키기 위한 첫걸음이기 때문입니다.

사람들이 사랑이라고 흔히 오해하는 3가지

사람들이 사랑이라고 오해하는 것 중 *하나는 바로 희생을 사랑으로 착각하는 것입니다.* 더 많이 희생할수록 더 많이 사랑한다고 생각합니다. 언뜻 보면 당연해 보입니다. 부모가 자녀를 위해 하고 싶은 일을 미루고, 연인들이 서로를 위해 욕망을 누르고 헌신하는 것도 희생이라고 볼 수 있으니까요. 그러나 그 희생이 상대를 위한 것이 아니라면 어떨까요? 희생을 가장한 자기 충족에 지나지 않는다면 말입니다.

　어느 날 성년이 된 두 자녀와 함께 살며 생활비와 용돈을 모두 대 주는 한 아버지가 찾아왔습니다. 그는 은퇴할 나이에도 아이들을 돌보기 위해 열심히 일해야 하는 자신의 처지를 한탄했습니다. 하지만 그의 지원이 있었기에 아이들은 독립하려고 시도조차 하지 않았습니다. 이제 자녀들에 대한 경제적인 지원을 끊어도 된다는 제 말에 그는 정색하며 말했습니다. "아이들을 어떻게 나 몰라라 해요? 자식을 사랑하는 아버지라면 그럴 순 없지요. 부모의 희생은 당연한 겁니다."

　하지만 그 희생의 이면에는 이기적인 심리가 숨어 있었습니다. 그는 '좋은 아버지', '훌륭한 가장'이라는 이미지를 잃고 싶지 않았습니다. 그래서 굳이 힘들게 돈을 벌어 가며 자식들의 성장에 도움도 안 되는 경제적 지원을 계속하고 있었습니다. 그것이 아이들을 해치는 독인 줄도 모른 채 말입니다.

　희생만이 사랑이 아닙니다. 자신의 감정과 욕구와 기대치를 표현하는 것도 사랑입니다. 특히 그것이 상대를 성장하게 한다면 더욱 그렇습니다. 우리는 소중한 사람을 위해 무언가를 해 주는 데서 보람과 자부심을 느낍니다. 그런 기회를 마다하지 않고 기꺼이 받아들이지요. 그러니 희생하려는 버릇이 있다면, 상대에게도 베풀 수 있는 기회를 주세요. 서로가 가진 진정한 욕구를 나누고, 그것이 받아들여지는 경험은 사랑을 매우 돈독하게 해 줍니다.

두 번째는 의존을 사랑으로 오해하는 경우입니다. 연인과 헤어지고 나서 슬퍼하며 이렇게 말하는 사람들이 있습니다. "○○ 없이 더 이상 살 수 없어요. 저는 그를 무척 사랑해요." 하지만 이것은 의존이지, 사랑이 아닙니다. 생존을 위해 상대에게 기생하는 것이나 마찬가지입니다. 사랑은 혼자서도 잘 살 수 있지만, 그와 함께해서 더 행복하기를 바라는 것입니다. 더 나은 사람이 되고자 하는 노력이고, 상대의 행복을 위해 무언가 해보려는 능동적인 행동입니다.

그것이 사랑인지 의존인지 가늠할 수 있는 분명한 잣대가 있습니다. 의존적인 사람들은 자신이 사랑을 위해 무엇을 할수 있는지는 생각하지 않고, 다른 사람이 무엇을 해 줄 수 있는지만 생각합니다. 그래서 상대가 나를 즐겁게 해 주고 행복하게 해 주기만을 기대합니다. 만약 그러지 못하면 사랑이 식었다며 또 다른 사랑을 찾아 나섭니다. 이별 앞에서 극히 슬퍼하다가 다음 날 다른 사람과 웃으며 데이트를 하는 식이지요.

사랑은 독립적인 두 사람 사이에서만 가능합니다. 반대로 의존은 결핍을 채우려는 것으로, 받는 것을 추구하며 결과적으로 어린아이 같은 상태를 지속하게 만듭니다.

세 번째는 느낌을 사랑으로 오해하는 경우입니다. 스스로도 어떻게 할 수 없는 강렬한 느낌에 이끌려 운명처럼 사랑에 빠지는 경우에 이런 오해를 하기가 쉽습니다. 느낌을 사랑이라고 오해하는 사람들은 만남 초기의 격렬한 느낌이 사라지면 사랑이 식어 버렸다고 생각해서 섣부른 이별을 선택하게 되지요.

하지만 느낌은 사랑의 일부일 뿐, 사랑의 요체라고 보기는 어렵습니다. 만약 느낌만이 사랑이라면 부부가 오랜 세월 해로할 일은 없겠지요. 처음에 서로를 사로잡았던 매력과 감정이 사라져도 의지를 바탕으로 관계에 헌신할 수 있습니다. 감사하고 배려하고 노력하는 태도로 서로를 존중하는 것이야말로 사랑을 오래도록 유지하는 비결입니다.

그 사람과 오래 함께하기 위해
반드시 지켜야 할 것

사랑이 얼마나 성숙한 태도를 요구하는지 이제 감이 오나

요? 사랑은 쉽지 않은 과정입니다. 괜찮은 상대를 만났다고 해서 술술 풀리는 일도 아니지요. 후회 없이 사랑하려면 나를 위해서, 상대를 위해서 옳은 일을 하겠다고 결심하고 노력해야 합니다. 단번에 끝나는 일이 아니며 포기하지 않고 최선을 다하는 행동 자체야말로 사랑이라고 할 수 있습니다.

그래도 사랑이 무언지 헷갈린다면 하나만 기억해도 좋습니다. 나와 상대방이 더 나은 사람이 되는 것을 목표로 서로 적절한 방식으로 노력하고 있다면, 사랑입니다. 아이를 키우는 부모의 입장을 떠올리면 쉽습니다. 부모는 아이의 건강한 독립을 목표로 필요한 것들을 제공합니다. 부모는 아이에게 분별없이 주는 것은 아닌지, 자기 고집으로 아이를 힘들게 하는 것은 아닌지를 늘 깊이 고민합니다. 그 과정에서 부모 역시 좋은 사람이 되어 갑니다. 사랑이 서로를 성장시키는 이유입니다.

결국 사랑을 하는 사람이 끝내 관심을 두고 점검해야 할 대상은 다름 아닌 자기 자신입니다. 사랑이라는 이유로 상대를 잡고 휘두르고 있는 건 아닌지, 내 생각을 막무가내로 강요하는 건 아닌지, 자기만족을 위해 이용하는 건 아닌지… 마음속 욕망과 의도를 왜곡 없이 투명하게 바라볼 수 있어야 합니다. 그 노력을 게을리하지 않는 사람만이 소중한 사람과 오래도록 함께할 수 있습니다.

그래도 사랑이 막막하기만 한 당신을 위해 구체적인 방법을 짚어 볼게요.

첫째, 스스로 좋은 사람이 되려고 노력하세요. 상대가 자신의 부족함을 채워 주기를 기대하는 사람들이 있습니다. 하지만 상대에겐 그럴 능력이 없습니다. 그러니 상대가 할 수 없는 일을 기대하고 실망하고 싸우느라 힘을 낭비하지 말고, 그 힘을 자기 계발에 써 보세요. 더 나은 자신이 되려고 노력하는 사람만큼 멋져 보이는 이도 없습니다. 멋진 사람 곁에는 멋진 사람들이 모여들기 마련이고요. 내가 나를 잘 돌볼수록 괜찮은 사람과 건강한 관계를 맺을 가능성도 높아집니다. 사랑에 있어서는 이런 선순환이 가능합니다.

둘째, 사랑하는 사람을 다 안다고 착각하지 마세요. 나조차 나를 제대로 모르는데 어떻게 상대를 다 알 수 있을까요. 평생을 함께해도 그 속을 전부 알 수 없는 게 사람입니다. 그런데도 속속들이 안다고 착각해서 '너는 이래야 한다', '역시 내 생각이 맞았다' 하면서 상대를 함부로 재단하고 판단합니다. 그렇게 내 틀 안에 상대를 가둘수록 그의 독립성과 개성은 훼손되고 말지요.

심리학자이자 명상가인 타라 브랙은 이를 두고 '만들어진 타인과의 연극을 그만두라'고 이야기합니다. 내가 바라보는 상대방은 그 사람 자체라기보다 내 시선에 의해 판단되고 분석된 '만들어진 타인'입니다. 나는 매 순간 그를 판단합니다. '저 사람은 예의가 없다', '저 사람은 이기적이다' 같은 도덕적인 판단의 밑바닥에는 나의 두려움이 깔려 있습니다. 사랑받고 싶지만 사랑받지 못할지도 모른다는 두려움이 그를 나쁘고 못된 사람으로 만드는 것입니다.

사랑하는 사람을 어떤 식으로 보는가는 결국 내 마음의 문제입니다. 그를 나쁜 사람, 고마운 줄도 모르는 사람, 자기만 아는 사람으로 판단하고 있다면, 거기엔 어떤 이득이 있기 때문이겠지요. 내 두려움과 불안을 들여다봐야만 사랑하는 사람에게 덧씌운 왜곡된 시선을 조금이나마 거두어들일 수 있습니다.

우리는 끝내 상대의 진면목을 전부 보지 못할 겁니다. 그러나 그를 다 알지 못한다는 그 사실만 알아도, 상대에게 함부로 잔소리를 하거나 충고를 던지는 일은 훨씬 줄어들 겁니다.

셋째, 사랑할수록 예의를 갖추세요. 지나가는 누군가가 내 일에 대해 선을 넘어 이런저런 충고를 늘어놓는다고 해 봅시다. 당신은 어떻게 반응할까요? "말씀은 고마운데, 제 일이니까 제가 알아서 할게요"라고 답하겠지요. 사랑하는 사이라도 크게 다르지 않습니다. 아무리 걱정이 되어도 그의 일은 그가 알아서 할 문제입니다. 거기에 감 놔라 배 놔라 하는 것은 그의 자

율성을 인정하지 않는 행동입니다.

우리가 받고 싶은 사랑은 어떤 것인가요? 내 부족함을 일일이 지적하거나 잔소리하지 않고 곁에서 묵묵히 응원하고 지켜봐 주는 것, 내 감정과 생각이 살아온 세월에서 비롯된 것임을 인정하고 있는 그대로 끌어안아 주는 것, 그럼으로써 내가 자발적으로 더 나은 사람이 되고자 애쓰게 하는 것. 이것이 우리가 받고 싶은 사랑이 아닌가요?

그렇다면 상대에게도 그런 사랑을 주어야 합니다. 함부로 그 사람의 영역을 침범하지 않고, 예의를 갖추며 따뜻한 눈길로 지켜봐 주고 기다려 주는 것입니다.

상담을 하면 할수록 사랑이 가진 놀라운 힘을 자주 목격합니다. 치유할 수 없는 아픔도 사랑이라는 이름으로 행해지지만, 그 아픔을 딛고 일어서게 하는 것도 결국은 사랑입니다. 그러니 사랑하기를 포기하지 마세요. 사랑을 제대로 이해하고 사랑을 향한 노력을 멈추지 않는다면, 그것은 인생에서 누릴 수 있는 가장 큰 기쁨을 선물합니다. 당신도 이번 생에서 그 기쁨을 한정 없이 누리기를 진심으로 바랍니다.

홀로서기 심리학

똑똑하게 사랑하는 법

사랑은 살아가는 데에 큰 원동력이 됩니다. 세상이 나에게 요구하는 숱한 과제들 앞에서 실패하고 상처받을 때, 나를 사랑하는 사람은 있는 그대로 나를 받아주고 조건 없이 마음을 내 줍니다. 그렇기에 우리는 좌절한 후에도 다시 일어설 수 있지요.

하지만 아무리 사랑해도 외로움은 결코 사라지지 않습니다. 완벽해 보이는 상대를 만나도 그는 내가 아닌, 나와 분리된 존재이니까요. 그럼에도 사랑에 너무 많은 것을 기대하면 사랑은 멀리 달아나 버릴 수 있습니다. 그렇기에 사랑을 할 때는 외로움 또한 사랑의 한 조각으로 받아들이는 것이 좋습니다.

그리고 누군가와 사랑을 잘 하고 싶다면 함께하지만 홀로 있을 수 있는 능력, 각자의 개성을 존중하면서도 뜨거운 관심을 유지할 수 있는 능력을 갖추어야 합니다. 사랑하는 사람을 독립적인 존재가 아니라 자신의 연장선에 있다고 여기면 지나치게 의존하거나 때로는 통제하고 싶어집니다. 하지만 사랑은 희생도, 의존도 아닌 배려가 중심이 되어야 합니다. 진정한 사랑은 상대에게 의존하려 하기보다는 내가 더 좋은 사람이 되려 하고, 상대를 더 배려하고 끌어안아 주려는 의지입니다.

Part 4

나에게 너그러워지고,
타인에게 부드러워지며,
삶은 편안해지는
홀로서기 심리학

: 세상 편

⬦⬦⬦⬦ **12** ⬦⬦⬦⬦

세상에서 가장 소중한 나를 아끼고
돌보기 위한 12가지 심리 레슨

어른으로 살아간다는 건 홀로 서는 법을 알고 실천하는 것입니다. 홀로 선다는 건 나를 망치는 나쁜 습관이나 관계에 기대지 않고, 인생을 주도적으로 이끌어 가려는 의지이자 능력입니다.

인생에서 홀로 설 수 있게 되면 정말 많은 것들이 달라집니다. 우선 나에 대한 믿음이 생기지요. 섣불리 의존하지 않게 되고, 함부로 침범하는 사람들에게도 크게 흔들리지 않게 됩니다. 그렇게 믿음을 바탕으로 마음이 편안해지면 타인에 대해서도 한결 부드러워집니다. 날 선 갈등이 줄어들지요. 부족한 부분을 채우기 위해 타인에게 건강하게 의존하는 일도 가능해집니다.

홀로서기 과정에 마음챙김은 큰 도움이 됩니다. 마음챙김은 현재의 순간에 주의를 기울이는 것을 말합니다. 좀 어렵게 느껴지나요? 간단히 설명하면, 마음챙김은 외부의 존재에 주의를 쏟는 게 아니라 우리 내면에 초점을 맞춰 생각과 감정을 알아채는 것입니다. 이에 대해 이의를 제기하는 사람들도 있겠지요. "선생님, 저는 제 생각과 감정을 언제나 잘 알고 있는데, 무슨 말씀이세요?" 과연 그럴까요?

내가 홀로서기를 결심한
사람들에게 마음챙김을 권하는 이유

우리는 일상을 자동운전 모드로 설정해 놓은 자동차처럼 살아갑니다. 하고 있는 일을 하나하나 의식하지 못한 채 자동적으로 판단하고 행동한다는 뜻이지요. 이것은 삶을 매우 효율적으로 만들어 줍니다. 만약 인간이 자기 마음에만 집중하며 살았더라면 자연재해를 피하지도, 적이 쳐들어오는 것을 눈치채지도 못했겠지요. 외부 자극에 자동으로 반응하는 모드가 있었기 때문에, 인류는 지금까지 살아남을 수 있었습니다.

하지만 자동운전 모드가 늘 도움이 되는 건 아닙니다. 자동적인 판단과 행동이 의도하지 않은 결과를 부를 때도 많아요. 예를 들어 보지요. 어느 날 엄마에게 전화가 옵니다. 엄마는 전화로 자주 잔소리를 하곤 했기에, 화면에 뜬 엄마 이름을 보자마자 기분이 가라앉습니다. 속으로 '또 무슨 잔소리를 하려고?' 하는 생각이 들고 전화를 받자마자 "왜 또?" 하는 소리가 먼저 나옵니다. 이 말에 기분이 나빠진 엄마도 전화한 목적을 잊고 "전화 받는 태도가 그게 뭐니?" 하며 잔소리를 시작합니다. 잔소리의 악순환이 반복되는 것입니다. 오늘 일로 '엄마는 전화로 잔소리만 한다'는 고정관념은 한층 더 강해지겠지요.

만약 엄마와 사이가 더 나빠져서 아예 안 보는 게 목표였다면 적절하게 행동했다고 볼 수 있겠지요. 하지만 엄마와의 대화에 그런 의도가 끼어들 틈이나 있었나요? 자극(엄마 전화)에 대한 반응(기분이 나빠 말대꾸를 했다)만 있었을 뿐입니다. 그 사이에 무언가를 선택해서 행동하려는 나의 의지는 눈곱만큼도 힘을 발휘하지 못했지요. 그런데 우리가 저지르고 후회하는 일들이 대부분 이런 과정을 통해서 이루어집니다. '그때 그 말을 하지 말고 참았어야 했는데' 하는 것도 자동적인 반응에 제동을 걸지 못한 데에 대한 후회입니다.

마음챙김은 자극과 반응 사이에 내부 공간을 넓혀 줍니다.

자극이 들어오는 순간에 느껴지는 감정과 생각에 초점을 맞추게 해 주거든요. 자동으로 반응하기 전에 정지 버튼을 누르는 것입니다. 그런데 이렇게 내부에서 일어나는 일로 관심만 돌려도 행동을 통제할 수 있습니다. 핸드폰에 뜬 엄마 이름을 보는 순간 '아, 심장이 뛰는구나, 일단 심호흡 먼저 하자' 하고 생각할 수만 있어도 전화를 어떤 태도로 받을지를 선택할 수 있습니다.

그래서 마음챙김은 인생을 주도적으로 사는 데 큰 도움을 줍니다. 자동 운행 중인 나에게서 한발 물러서서 스스로를 잘 통제하도록 도와주거든요. 그래서 홀로서기를 결심한 사람들에게 저는 마음챙김을 권합니다. 인생을 주도적으로 산다는 것은 결국 내 마음을 능숙하게 다루는 것과 마찬가지이기 때문입니다.

따뜻한 눈으로 나를
지켜보는 사람이 된다는 것

마음챙김에서는 내 감정, 내 생각을 있는 그대로 들여다보는 '관찰자로서의 나'를 중요하게 여깁니다. 선뜻 이해가 안 가는 말이지요? 앞서 들었던 자동차의 예를 이어가 볼게요. 자동 운행 중인 자동차도 '나'이지만, 그 자동차를 운전하는 사람도 '나'입니다. 운전자 입장에서 보자면 자동차는 여러 가지 요소로 구성되어 있습니다. 자동차를 움직이는 엔진(감정), 자동차의 물리적인 차체(몸, 감각), 자동차에 타고 있는 승객(과거의 경험, 생각) 등입니다. 이런 요소들을 잘 알고 능숙하게 다룰 수 있을 때 안전한 운전자가 되지요.

운전자가 바로 '관찰자로서의 나'입니다. 운전자가 자동차 안에서 일어나는 각종 소란스러운 반응을 잘 관찰하기만 해도 사고 위험은 현저히 줄어듭니다. 마찬가지로 내 안에서 일어나는 생각과 감정을 지켜보면 그것들은 곧장 힘을 잃습니다. 굳이 생각을 안 하려고 노력할 필요도 없습니다. 행동하려는 충동을 잠시 참고 바라보기만 해도, 생각들은 무대에 잠시 등장했다 내려가는 연극배우처럼 알아서 무대 뒤로 사라지거든요. 우리는 그저 연극을 지켜보는 관객이 되면 그뿐입니다.

이때 중요한 것은 연민의 태도를 갖추는 것입니다. 관객이 '저 배우는 연기가 형편없어', '시나리오가 엉망이야'라고 평가하면 배우는 화가 나서 무대를 어지럽히고 횡포를 부릴 겁니다. 그러지 말고, 아무것도 판단하지 않는 연민의 마음으로 떠오르는 감정과 생각을 대하면, 그것들은 서서히 차분해집니다.

관찰하는 힘을 키우는 일이 책 한 권 읽어서 되는 일이라면 얼마나 좋을까요. 인간의 두뇌는 기본적으로 자동 운행 모드로 살아가도록 설정되어 있기 때문에, 현재를 자각하고 내 안에서 일어나는 일들을 관찰하기 위해선 반드시 연습이 필요합니다. 건강한 몸을 만들기 위해 매일 스포츠센터에서 운동하듯이, 마음을 잘 다스리기 위해 마음의 근육을 매일 키워야 하는 것입니다. 그리고 그 훈련 과정 자체를 마음챙김이라고 일컫습니다.

이 장에서는 관찰하는 힘을 키우기 위해 마음챙김에서 제시하는 연습 방법 중 초심자에게 도움이 될 만한 것들을 추려서 알아보겠습니다.

준비 단계

1. 바꾸고 싶은 심리 습관이 있을 때: 3가지 요소 확인하기

자극과 반응 사이에 감정Emotions, 생각Thoughts, 행동 충동 Action impulses이 있습니다. 저는 이를 줄여서 ETA라고 부릅니다. 외부에서 일어나는 사실을 인지하고, 사실에 대한 우리의 인식을 생성하는 정신의 매트릭스라고 할 수 있지요.

위에 든 예시를 다시 살펴보지요. 엄마에게 전화가 오자 짜증을 내며 받았습니다. 이를 ETA로 나누어 살펴볼게요.

감정(E) : 불안, 분노, 외로움

생각(T) : '사람들은 나를 못마땅하게 여겨.' '나는 뭔가가 부족한 사람이야.'

행동 충동(A) : 엄마가 잔소리를 못 하도록 더욱 강하게 밀어붙인다.

ETA로 나누어 보면, 비슷한 상황에서 비슷하게 반응하는 익숙한 패턴을 파악할 수 있습니다. 이 사람은 엄마뿐만 아니라 다른 사람이 비판적인 이야기를 할 때도 특히 움츠러들고 공격적으로 행동할 것입니다. 자기의 부족함에 민감하게 반응하는 자동적인 패턴이 형성되어 있기 때문이지요. (물론 본인은 의식하지 못하고 있을 테고요.) 바꾸고 싶은 심리 습관이 있을 때 ETA를 적용해 보면, 그것이 어떤 패턴으로 작동하는지 파악하는 데 도움이 됩니다.

2. 무의식적인 경험을 의식적인 경험으로 바꿀 때
: 5가지 요소 확인하기

마음챙김은 매 순간을 의식적으로 경험하는 것입니다. 그러나 초심자들에겐 쉽지 않습니다. 그래서 저는 무의식적으로

홀로서기 심리학

흘러가는 일상을 의식적으로 경험할 수 있도록 '몸과 마음 확인 도구'를 개발했습니다(6장 참고). 경험을 다섯 가지 구성 요소(사실, 생각, 감정, 신체 감각, 행동 충동)로 구분해서 작성함으로써 자동 운행 모드에서 떨어져 나올 수 있습니다.

예)

사실 : 나는 침대에 누워서 책을 읽고 있다.

생각 : 무엇을 써야 할지 모르겠다. 어리석은 짓이다.

감정 : 의심, 성가심

신체 감각 : 팔꿈치가 침대에 눌려 있으며 눈이 약간 긴장된다.

행동 충동 : 연습을 건너뛰고 계속 읽고 싶다. 어쨌든 연습을 한다!

우스워 보일지 몰라도 이것이 마음챙김 요법의 핵심입니다. 적극적으로 뒤로 물러나 관찰하고 현재의 경험을 무비판적으로 기술하기 때문이지요. 이런 식의 관찰과 기술 연습이 모이면 자기가 어떤 ETA 패턴에 따라 자동으로 반응하는지 알 수 있게 됩니다. 특히 스트레스를 유발하는 상황에서 다섯 가지 요소를 적고, 그것을 한 번만 써 볼 게 아니라 10~15개 정도 작성하여 모아 보면, 나쁜 습관을 형성하는 ETA 패턴을 발견할 수 있습니다. 그리고 그 작업들은 고정된 패턴에서 빠져나오는 데 도움이 되지요.

3. 나는 어떤 삶을 살고 싶은가?: 목적 세우기

우리는 매일, 매 순간 삶이라는 도로에서 어느 방향으로 가야 할지 결정을 내립니다. 그런데 이 선택들은 보통 자동 운행 모드에 따라 무의식적으로 내려집니다. 그래서 도착해 보니 기대했던 목적지가 아닌 경우가 허다합니다. 삶의 목적을 세워야 합니다. 목적은 우리가 중요하게 생각하는 가치이자 전반적인 삶의 방향입니다. 이것이 불명확할수록 자동 운행 모드에 우리 몸을 맡길 가능성이 높아집니다. 반면 목적이 있을 때 도움이 안 되는 마음의 습관에 굴하지 않을 수 있지요.

본격적인 연습 1
– 지금 여기에 집중하는 법

마음챙김에서는 관찰하는 힘을 키우는 게 무엇보다 중요하다고 이야기했습니다. 그런데 그게 쉽지가 않습니다. 잠깐만 집중력이 약해져도 생각과 한 몸이 되어 의식은 자동으로 흘러가 버리거든요. '자, 내면에 집중해 보자. 어? 그런데 가스 밸

브를 잠그고 나왔던가? 아내도 오늘 늦게 들어온다고 했는데. 그나저나 저 사람이 신은 신발이 예쁘네. 올가을에 저런 스타일이 유행인가 봐….' 이렇게 꼬리에 꼬리를 무는 생각을 쫓다가 방향을 상실한 경험이 한두 번이 아닐 테지요.

희소식은 인간의 뇌는 감각과 사고에 동시에 집중할 수가 없다는 점입니다. 우리가 오감 중 하나의 감각에 집중할수록 들끓던 마음은 배경 소음이 되고, 지금 현재 내 마음에 의식이 머물 수 있게 됩니다. 닻을 내린 배가 둥둥 떠내려가지 않듯이, 오감을 닻으로 이용하면 의식이 흘러가지 않고 현재에 집중됩니다.

4. 딱 3분만 몸이 보내는 신호에 진지하게 귀 기울이기

오감 가운데 하나를 골라 3분 동안 집중해 보세요. 예를 들어 미각에 집중하기로 했다면, 평소 좋아하는 음식을 마치 처음 보는 것처럼 그 형태를 천천히 관찰해 보세요. 그리고 입에 넣고 맛과 모양과 무게를 느껴 보세요. 이 연습을 하면서 생각이 딴 데로 흘러가는 것을 깨닫는다면 다시 정신을 미각에 집중해 보세요. 지금 이 순간의 경험을 알아챌 뿐만 아니라 잡생각을 하는 나를 알아채는 훈련입니다.

5. 준비물도 필요 없다, 호흡과 소리에 집중하기

요가 선생님이나 명상가 들이 호흡을 강조하는 이야기를 귀가 닳도록 들었겠지요? 호흡으로 훈련하면 따로 준비물이 필요 없습니다. 지금 이 자리에서 바로 집중할 수도 있어요.

우선 들숨과 날숨에 정신을 집중해 봅니다. 집중이 잘 안 되면 들숨을 들이쉬고 한 번, 날숨을 내쉬고 한 번씩 숫자를 열까지 세 보세요. 생각보다 시간이 더디게 가서 놀랄 겁니다. 그다음에 주의를 청각에 집중시킵니다. 마음이 딴생각하고 있다는 걸 알아채면 다시 지금 들리는 소리에 집중합니다. 집중력의 초점을 옮기는 훈련으로, 마음이 방황하기 시작하면 주의를 감각 어딘가에 다시 모으게 하는 것입니다.

6. 조금은 낯설지만 오랫동안 인정받아 온 훈련법

'만트라'를 들어본 적 있나요? 반복되는 단어나 소리의 집합으로 명상에서 자주 사용됩니다. 만트라를 종교적인 주문으로 여기는 사람들도 있는데, 꼭 그런 것은 아닙니다. 특정 단어나 문구를 닻으로 사용하는 마음챙김 훈련의 한 방법입니다.

만트라를 사용하면 좋은 점은 두 가지입니다. 첫째, 도움이 되지 않는 감정적인 생각이 잠식할 때 현 순간에 마음을 고정하도록 해 줍니다. 둘째, 나에게 자신의 의도를 알려 줍니다.

홀로서기 심리학

즉 감정에 반응하기보다는 감정을 돌보고 능숙하게 다뤄야 함을 상기시켜 주지요.

1 지금 이 순간, 경험에 따른 감정을 파악해 보세요.

2 마음속으로 이렇게 말해 보세요. "나는 지금 이 순간 ~한 생각이나 이 생각에 따른 감정을 느끼고자 한다."

3 자신의 감정을 기분 좋게 받아들이는 무비판적인 자세로 이 만트라를 3~5번 반복해 말해 보세요.

본격적인 연습 2
– 감정과 행동을 다스리는 법

7. 널뛰는 감정을 다스리고 싶다면 영리하게 몸을 이용할 것

몸과 마음은 상호작용합니다. 감정이 우리로 하여금 특정한 행동을 하도록 이끌듯이, 특정한 행동도 특정한 감정을 낳을 수 있지요. 감정은 신체 감각을 통해 전달됩니다. 이 말은 곧 신체 감각을 잘 조절하면 감정 반응에 영향을 줄 수 있다는 뜻입니다.

예를 들어 상사에게 혼이 나서 식은땀이 흐르고 심장이 쿵

쿵 뜁니다. 억울하고 화가 납니다. 이때 몸의 감각을 역이용하면 감정에 자동으로 반응하는 패턴을 멈출 수 있습니다. 즉 2차 반응을 내려놓을 수 있습니다.

1 여러분이 힘들어하는 감정을 떠올려 보세요.
2 몸이 뻣뻣해지고 무거워지며 초조해지는 등 신체 감각을 파악한 뒤 머릿속으로 기억해 두세요.
3 이제 머리와 목이 정렬되도록 몸을 쭉 펴고 앉아 양발을 바닥에 붙이세요.
4 손바닥이 위로 향하도록 손을 양쪽으로 쭉 뻗으세요.
5 어깨를 귀에서 멀어지도록 아래로 쭉 당겨 보세요.
6 배를 부풀려 보세요. 그리고 의도적으로 신체 감각을 느껴 보세요.

감각이 편안해지면 뇌는 문제가 사라졌다고 착각합니다. 따라서 감정도 함께 가라앉지요. 일상에서 통제하기 힘든 상황을 마주할 때를 대비해 이 방법을 꾸준히 연습하면 의도치 않게 화를 내거나 자기를 탓하는 등의 2차 반응을 취하지 않을 수 있게 됩니다.

홀로서기 심리학

8. 믿을 수 없지만 정말로 효과적인 방법

감정은 표정과도 떼려야 뗄 수 없습니다. 행복하고 슬프고 두렵고 화나고 싫증이 날 때의 표정은 세계 어디서든 쉽게 알아볼 수 있지요. 그런데 화가 날 때 표정을 위장하면 어떻게 될까요? 입꼬리를 살짝 올리고 눈을 부드럽게 뜨고 미간 사이에 힘을 빼는 겁니다.

놀랍게도 가짜 웃음도 화를 누그러뜨리는 데 효과적입니다. 연구 결과로도 증명된 바 있지요Draft and Pressman 2012. 감정과 행동 사이의 강력한 상호작용을 이용하는 방법으로, 갑자기 감정이 들끓고 행동 충동을 주체하지 못할 것 같을 때 일시적으로 도움이 됩니다.

9. 이도 저도 안 되면 얼음을 준비하세요

갑자기 분노 같은 감정이 솟구치면 어떻게 해야 할까요? 그동안의 연습도 소용이 없고 호흡도, 미소도 시도할 여유가 없습니다. 이때는 체온을 빠르게 내리는 방법을 써 보세요. 얼음을 꺼내 비닐봉지에 넣고 이마 위에 30초 동안 올린 뒤 숨을 참으세요. 얼음을 느끼고 숨을 참는 데 집중해 보세요.

뇌로 하여금 우리가 물속에 있다고 착각하게 만들어, 필수 혈류는 다시 뇌로 보내지고 심장 박동수는 낮아지는 효과가 나타납니다. 특히 공황장애를 겪는 사람들에게 효과적입니다.

본격적인 연습 3
– 정말 마음이 힘들 때를 대비하는 법

10. 힘든 일일수록 피하지 말고 용감하게 부딪칠 것

매사추세츠 대학교 의과대학 명예교수인 존 카밧진은 마음챙김에 근거한 스트레스 완화 프로그램을 창시했습니다. 그는 만성 통증에 시달리고 있는 사람들에게 통증을 참거나 무시하지 말고 오히려 의식의 초점을 정확히 그 부위에 맞춰 보라고 했습니다. 고통을 회피하지 말고 집중하라니, 안 그래도 아픈 사람들에게 너무한 거 아니냐고요? 효과는 진통제보다 나았습니다. 환자들은 고통 가운데에서도 그나마 괜찮을 때와 아닐 때를 구분하게 되었고, 생각보다 통증이 견딜 수 없는 존재가 아님을 알게 되었습니다. 즉 통증의 수용을 통해 통증과의 관계를 변화시킴으로써 통증을 감당할 수 있게 된 것이지요.

힘든 일을 앞두고 불안감이 극에 달한다면 이 연습이 도움이 됩니다. 일부러 힘든 일, 고된 감정을 끌어내어 끝까지 느껴보는 것입니다. 스트레스 상황을 구체적인 대본으로 만들어 보세요. 예상되는 감정과 신체 감각도 적어 보세요. 반드시 현재 시제로 적기 바랍니다.

예)

나는 상사의 사무실로 들어가고 있다. 상사는 책상에 앉아서 일에 집중하고 있다. 나는 그녀에게 연봉 인상을 요청하려고 한다. 심장이 미친 듯이 뛴다. 상사가 화를 낼까 봐 걱정이다. 말도 안 되는 표정으로 나를 쳐다볼까 봐 걱정이다. 땀이 나기 시작한다….

핸드폰 녹음기에 대본을 녹음하고, 그것을 들으며 감정을 느껴 보세요. 감정이 떠오르는 대로 몸을 맡기고 스트레스가 정점에 다다르게 내버려 두세요. 그리고 이 연습을 매일 반복하세요. 힘든 연습이지만 한 가지는 분명히 깨닫게 될 것입니다. 통제할 수 없을 것 같은 감정도 하나하나 느껴 보면 그에 압도되지 않을 수 있다는 사실을요.

11. 극단적인 사고와 편견에 휘둘리지 않는 사실 점검 훈련

자동 운행 모드로 살아갈 때 우리 대부분은 생각을 사실로 착각합니다. 저는 이것을 생각이 짓는 '가상현실'이라고 표현합니다. 우리는 생각을 사실이라고 믿으면서 각자의 세계에

갇힌 채 살아가고 있다고 해도 과언이 아닙니다. '나는 참 못났어', '쟤는 인간적으로 별로야', '정치인들은 다 부도덕해' 같은 생각에 부합하는 증거만 모으면서 기존의 편견을 더욱 강화해 나가는 것입니다.

더군다나 인간은 생각의 오류에 취약합니다. 사실을 왜곡하는 극단적인 사고방식에 끌리는 경향이 있다는 뜻입니다. 그래서 생각을 다룰 땐 매우 조심해야 합니다. 그것이 사실에 부합하는지를 섬세하게 체크해야 하지요. 그래야 인생에 도움이 안 되는 생각에 꾸준히 밥을 주며 부정할 수 없는 사실로 키워나가는 불상사를 막을 수 있습니다. 다음은 인간이 쉽게 빠지는 인지 왜곡의 대표적인 사례입니다.

인지 왜곡	전형적인 생각
1. 흑백 논리 전부 아니면 아무것도 아니라는 논리 "늘", "절대로", "완전히" 같은 극단적인 해석	'나는 절대로…' '그 여자는 늘 그래!'
2. 탓하기 다른 이들에게 책임을 지우고 흠을 잡는 비판적인 생각의 한 유형	'공평하지 않아!' '잘못은 그가 저질렀어. 그가 나쁜 놈이야!'
3. 파국화 최악의 결과를 사실로 착각하는 것	'분명 실패할 거야!' '그건 실패였어.'

4. 감정적 추론 감정을 사실로 착각하는 것	'내가 이런 기분이 든다면 사실이 틀림없어.'
5. 마음 읽기 타인의 행동을 바탕으로 그들의 생각을 추론하고 사실로 착각하는 것	'그이는 날 무시해, 나를 존중하지 않아.' '그 여자는 날 어리석다고 생각해.'
6. 최소화 혹은 과장 특정 사실과 관련이 없다고 무시하거나, 특정 사실에 증거를 제공하며 지나치게 무게를 싣는 것	'그건 중요하지 않아.' '이건 달라. 이번 일은 예외야.'
7. 지나친 일반화 및 시간 여행 과거의 사건을 바탕으로 현재의 사실을 일반화하거나, 현재의 사실을 바탕으로 미래의 사건 일반화하기	'전에도 일어났다면 또다시 일어날 거야.' '지금 일어난다면 늘 일어날 거야.'
8. 자기화 외부 사건의 원인을 자신과 연관 짓기	'나는 ~ 때문에 벌을 받았어.' '왜 이 일이 나에게 발생하는 거지?'

위의 인지 왜곡 사례가 아니더라도 나를 힘들게 만드는 생각들이 있을 겁니다. 지나친 자기 비하나 근거 없는 남 탓, 세상에 대한 비관적인 믿음 등이지요. 이런 생각이 과연 사실인지를 판단하고 싶다면 다음의 사실 점검 5단계를 적용해 보길 바랍니다.

1단계 : 기폭제가 되는 생각을 찾는다.

사실에 대한 생각과 해석을 점검합니다. 그리고 강력한 감정을 불러일으키는 구체적인 생각을 한 개 찾아 동그라미를 칩니다.

2단계 : 생각의 이면에 자리 잡은 믿음을 찾는다.

그 생각이 왜 강력한 감정을 불러일으키는지를 알아봅니다. 여러분을 자극하는 근본적인 믿음이 무엇인지 깊이 들여다보세요.

만약 그 생각이 사실이라면 그것은 우리에게 무엇을 말해 줄까요? 다른 사람이나 세상에 대해, 내 삶의 정황 혹은 인간으로서 나의 가치에 대해 알려 주는 것이 있나요? 그 과정에서 감정이 끓어오르는지 차근차근 살펴보세요. 만약 긴장감이 느껴지고 눈가가 촉촉해진다면 그곳에 승객(과거의 상처나 경험의 잔재)이 타고 있을지도 모릅니다.

3단계 : 생각을 사실이라고 느낀 이유를 살펴본다.

사실이라고 느끼는 생각이나 근본적인 믿음에 부합하는 삶의 경험을 전부 적어 보세요.

4단계 : 생각과 반대되는 사실을 점검한다.

생각을 사실이라고 느끼는 이유와 정반대되는 증거를 찾아 보세요. 우리는 믿음을 지지하는 증거에 촉각을 곤두세우도록 프로그래밍되어 있기 때문에 쉽지 않습니다. 그래도 다른 사람이라면 이 상황을 어떻게 바라볼지 떠올려 보세요. 반대되는 아주 작은 증거일지라도 전부 적어 보세요.

5단계 : 균형 잡힌 생각을 찾는다.

3단계 목록과 4단계 목록을 비교하기 바랍니다. 양측의 증거를 요약한 뒤에 그 사이에 '그리고'를 넣어 보세요. 꼭 한쪽의 생각만 진실인 것은 아닙니다. 우리는 둘 다 받아들임으로써 균형 잡힌 생각으로 나아갈 수 있습니다.

12. 어쨌거나 제일 중요한 것, 나를 아끼고 돌보는 연습

부족한 나, 못난 나, 더 잘해야 하는 나···. 우리는 자기비판에 관대한 세상에서 살아가고 있습니다. 그래서 나를 따뜻하게 보듬어 주고 있는 그대로 인정하는 데에도 연습이 필요합니다. 특히 여기서 제시하는 '자기 온정 연습'은 개인의 정신 건강과 삶의 만족도를 높여 줄 뿐만 아니라 타인에게 친절을 베푸는 데도 효과가 있습니다. 자기비판에 사로잡혀 외로움과 고립감을 느낄 때 이 연습을 해 보세요.

1 다음의 자세 중 하나를 선택합니다.
   - 양손을 겹쳐서 가슴 위에 올리기
   - 자신을 껴안는 것처럼 양팔을 포개서 가슴 위에 얹기
   - 양손으로 볼을 부드럽게 감싸기
   - 한 손으로 주먹을 쥐어 가슴에 올려놓고 다른 손을 조심스럽게 그 위에 올리기

2 여러분이 고군분투하고 있는 힘겨운 상황을 떠올려 보세요.

3 부드럽고 달래는 듯한 어조로 천천히 이렇게 말합니다. "지금은 고통스러운 순간이야. 지금 ~을 느끼고 있는 게 보여. 당장은 정말 힘들 거야. 하지만 나만 그런 게 아니야. 나는 우리가 인간이기 때문에 이런 고통을 느낀다는 점을 존중해. 나는 스스로에게 친절해야 해."

닭살 돋고 어색해도 한번 시도해 보길 바랍니다. 자기를 가장 엄격하게 대하는 우리에게 꼭 필요한 연습이니까요.

지금까지 자동운전 모드에 제동을 거는 여러 가지 방법을 살펴보았습니다. 이 연습 방법이 꽤나 생소하게 느껴질 겁니

홀로서기 심리학

다. 무의식적으로 사는 편이 너무나 익숙한 우리들에게 '이게 과연 효과가 있을까?' 하는 생각이 드는 건 당연하지요. 하지만 이 방법들은 연구 결과를 통해 효과가 증명된 것들입니다. 그러니 의심의 눈초리를 일단 내려놓고 실행해 보기를 권합니다. 연습과 훈련 없이 마음챙김의 길로 들어설 방법은 없으니까요.

의식하지 않으면 우리 삶은 결국 자동으로 흘러가 버릴 겁니다. 훗날 '이건 내가 살고 싶었던 인생이 아닌데' 하고 후회해도 그 삶을 되돌릴 방법은 없습니다. 삶을 주도적으로 살고 싶다면 그 해답은 지금 현재 내 마음에 있다는 걸 잊지 마세요. 지금을 의식적으로 살아가세요. 심리학자 에이브러햄 매슬로는 이런 말을 했습니다. "나는 과거에 죄책감을 느끼고 미래에 두려움을 느낀다. 하지만 내가 행동을 취할 수 있는 것은 현재뿐이다. 우리가 정신 건강을 지킬 수 있는 것은 현재를 살 수 있는 능력 덕분이다." 불필요하게 흔들리지 않고 이제부터 당당하게 홀로 서기로 결심한 당신에게 매슬로의 말이 도움이 되기를 바랍니다.

13

홀로서기 훈련(실전 편)
– 나를 돌보는 연습은 계속된다

마음챙김을 연구하는 임상 심리학자이자 상담가로서 제가 늘 답답하게 느끼는 지점이 있습니다. 한창 앞을 향해 달려 나가는 젊은이들일수록 마음챙김 훈련을 지속하지 못한다는 것이었어요. 제가 마음챙김의 중요성을 역설하고 훈련을 권하면 그들도 고개를 끄덕이며 상담실을 나갑니다. 하지만 연습이 잘 되어 가고 있느냐고 물으면 "깜빡했어요", "너무 흥분해서 연습을 떠올릴 겨를이 없었어요" 하는 대답이 돌아오곤 했습니다. 하루에도 몇 차례씩 마음에 폭풍우가 몰아치는 시기를 지나는 만큼, 호흡이나 명상 따위에 시간을 보낼 여유가 없다는 말이었지요. 더 솔직히 말하면 한 번의 깨달음으로 문제가 해결되면 좋을 텐데, 계속 훈련해야 한다고 하니 그 방법이 탐탁지 않았던 것이고요.

그래서 저는 젊은이들에게 적합한 훈련 방법을 고안해 내려고 애썼습니다. 다음에 소개하는 것이 바로 제가 상담을 통해 전수했거나 페퍼다인 대학교에서 객원교수로 일하며 대학원생들에게 가르친 마음챙김 연습 계획표입니다. 일종의 맞춤 처방전으로, 목표와 현재 상황 그리고 문제와 해결책을 한눈에 볼 수 있도록 개발했습니다. 누구나 훈련에 따른 효과를 상상할 수 있을 때 더 열심히 노력하는 법이니까요. 다시 강조하지만 마음챙김은 애매모호한 위로법이 아닙니다. 삶을 질적으로 향상시키는 구체적이고 효과적이며 과학적인 심리 치유 기법입니다.

계획표에 반드시 들어가야 하는 요소는 다음과 같습니다.

1 이루고자 하는 목표와 현재 상황
2 문제가 되는 자동 운행 모드 (ETA)
3 자동 운행 모드를 의식적으로 통제할 연습 방법

그럼 이 계획표를 어떻게 실제 상황에 적용할 수 있는지, 세 명의 사례를 통해서 살펴보겠습니다.

제시카의 연습 계획표

제시카는 상담을 시작할 당시 외로움과 버림받을지도 모른다는 절망적인 감정에 시달리고 있었습니다. 이 감정은 연애와 학업 성적에 영향을 미치고 있었지요. 2장에서 살펴보았듯이 민감한 '마을 주민'인 제시카는 외로움이 느껴지면 어떤 일에도 집중하지 못하고, 느닷없이 남자 친구를 찾아가거나 전화를 받을 때까지 핸드폰을 손에서 내려놓지 못했습니다. 그러나 작가가 되고 싶다는 꿈이 있었기 때문에 지나치게 감정적으로 행동하는 습관을 고치고 싶어 했지요.

만약 제시카처럼 특정 감정에 민감하고 스스로 제어가 잘 안 되는 사람이라면, 그녀가 선택한 연습 방법을 참고하길 바랍니다. 제시카는 우선 행동을 통제할 필요가 있었습니다. 그 방법으로 다음 두 가지를 선택했지요. 외로움을 주체하지 못할 때, 첫째로 차가운 물로 샤워하거나(249쪽의 얼음 요법을 변형한 방법) 느리고 편안하게 호흡하는 것입니다. 행동 충동을 조절할 수 있게 되고 외로움에 내성이 생기자, 제시카는 지나치게 사랑을 확인하려는 습관을 버리고 의지력을 기르는 것을 목표로 삼았습니다. 그 방법으로 자기 온정 연습(255~256쪽)과 '감정 입증 진술서'를 활용하기로 했지요.

그 외에도 제시카가 선택한 연습 방법은 다음과 같습니다.

목표 : 건강한 인간관계 유지하기, 작가가 되기 위해 준비하기
현실 : 혼자 살고 있음, 노력을 지속하지 못하고 있음

자동 운행 모드	의식적인 통제를 위한 연습 방법
감정(E) 외로움, 불안, 슬픔, 우울, 분노	1. 감정 입증 진술서 작성하기 2. 만트라를 활용하기(246~247쪽) 3. 자기 온정 연습하기
생각(T) '아무도 나에게 신경 쓰지 않아.' '이건 불공평해.' '내가 힘들 땐 사람들이 더욱 나에게 신경 써야 해.'	1. 인지 왜곡 확인하기(251~253쪽) 2. 사실 점검 5단계 적용하기 3. 사실 재구성하기
행동 충동(A) 받을 때까지 전화를 걸거나 문자를 한다. 상대를 비난한다. 해야 할 일을 미룬다.	1. 찬물 샤워 2. 호흡 연습 3. 반대 행동 취하기(191~192쪽)

'감정 입증 진술서'란?

입증이란 말을 들어 봤나요? 법정 드라마에서 자주 쓰이는 이 말은, '좋고 나쁨'이나 '옳고 그름'과 같은 판단 없이 있는 그대로를 드러내 보인다는 뜻입니다. 감정을 다룰 때 있는 그대로 인정하는 태도가 중요하다고 여러 차례 이야기했습니다. 그렇게 해야만 감정을 밀어내는 습관을 내려놓을 수 있기 때문입니다. 제가 어려워도 '감정 입증 진술서'라는 이름을 붙인 이유이기도 하지요.

저는 힘든 감정을 다루는 법을 가르칠 때 먼저 감정 입증 진술서부터 작성하라고 말합니다. 감정에 휘둘리지 않고 감정을 바라볼 수 있게 해 주는 효과적인 수단이기 때문입니다.

<감정 입증 진술서>

"＿＿＿＿한 상황에서 ＿＿＿＿한 감정을 경험하는 것은 타당하다.
이는 ＿＿＿＿ 때문이다."

(마지막 '이유' 칸에 들어갈 말을 아래 세 가지 중에서 고르기 바랍니다.)

1. 오늘 나를 힘들게 만드는 생물학적인 요인이 있기 때문이다.
  예) 불규칙한 수면, 운동 부족
2. 누구라도 이렇게 느낄 법한 상황이기 때문이다.
3. 과거에 비슷한 상처를 경험한 적이 있기 때문이다.

예)
상사가 보고서를 반려한 상황에서 분노를 느끼는 것은 당연하다. 이는 6학년 때 친구들 앞에서 선생님께 면박을 당한 기억 때문이다.

홀로서기 심리학

니나의 연습 계획표

완벽주의자 니나는 불안과 두려움이 느껴지는 상황을 지나치게 통제하려는 경향이 강했습니다. 그 결과 그녀는 감정에서 멀어지고 말았고, 자기가 진정으로 무엇을 원하는지도 모르는 지경에 이르렀습니다. 또 어려서 부모에게 도움을 요청했다가 거절당한 뒤부터 주변 사람에게 도와달라고 말하기를 극도로 꺼리게 되었습니다. 타인과의 소통을 어려워하는 니나는 결국 회사 동료들로부터 외면당하는 상황에 이르렀지요.

만약 여러분이 니나에 공감한다면, 니나의 연습 계획표를 잘 살펴보길 바랍니다. 니나는 우선 지나친 자기비판에서 벗어나기 위해 자기 온정 연습을 선택했습니다. 그리고 진정으로 하고 싶은 일을 찾기 위해 성공을 시각화하는 연습도 시작했습니다. (성공 시각화 연습이란 스포츠 분야에서 자주 쓰이는 노출 연습으로, 목표를 달성하는 모습을 자세히 머릿속에 떠올려 보는 것입니다. 이 과정에서 무언가 불편하고 불안하다면 그 원인을 알아보고, 자주 성공을 시각화함으로써 그 영향력에서 벗어나는 것을 목표로 합니다.) 또 완벽주의자들이 자주 빠지는 '성공 아니면 실패' 시나리오에서 벗어나기 위해 노력의 수준을 다양하게 설정하고, 친절한 태도로 자신을 돌보기 위해 명상 연습도 시작했습니다.

목표 : 진정 원하는 것이 무엇인지를 아는 것, 서로 지원해 주는 인간관계
현실 : 새로운 업무에 유연하게 대처하지 못하고 대인 관계에 취약함

자동 운행 모드	의식적인 통제를 위한 연습 방법
감정(E) 의심, 불안, 좌절	1. 자기 온정 연습하기 2. 호흡, 소리 명상 (246쪽)
생각(T) '모르면 분명히 실패할 거야.' '도움을 요청하면 그가 숨 막혀할 거야.' '아무도 나에게 신경 쓰지 않아.'	1. 주의가 산만해지면 다시 몸에 집중하기 2. 인지 왜곡 확인하기 3. 사실 점검 5단계 적용하기 4. 사실 재구성하기
행동 충동(A) 스스로를 더욱 강하게 밀어붙인다. 사회적인 교류는 최소화하거나 미룬다.	1. 반대 행동 취하기 2. 비폭력대화 4단계 적용하기 (213~214쪽)

에이미의 연습 계획표

에이미는 매사에 열정적이었지만 속도를 늦춰 의식적으로 결정하고 행동하는 데 애를 먹었습니다. 예를 들어 새로운 프로젝트를 시작할 땐 흥분과 열광으로 임하지만, 곧 불안과 좌

홀로서기 심리학

절감이 높아지면서 자기 자신과 동료들을 지치게 만드는 패턴을 반복했습니다. 또한 기분에 따라 오락가락 행동했기에 일과 연애, 인간관계에서 모두 어려움을 겪고 있었지요.

에이미는 적신호를 파악하는 기술을 익혀야 했습니다. 흥분이 긴장으로 변하기 시작할 때를 알아채야 했지요. 기분 조절 장애의 순환을 방지하기 위해서 에이미는 만트라를 매일 연습했습니다. 이 연습은 그녀가 자기 의견을 주장하기 전에 속도를 늦춰 주었지요. 그녀는 기분에 따라 오락가락 행동하는 경향이 강했기 때문에 신체적인 균형, 즉 건강한 몸 상태를 잘 유지하도록 자기 관리 연습도 필요했습니다. 그리고 자기 온정 연습을 통해 자기뿐만 아니라 타인을 향해 친절을 베푸는 느낌을 경험했습니다.

목표 : 일과 삶의 균형
현실 : 기분에 따라 오락가락하는 행동

자동 운행 모드	의식적인 통제를 위한 연습 방법
감정(E) 흥분, 관심, 열정, 불안, 질투, 좌절, 분노, 소진, 우울	1. 자기 온정 연습하기 2. 감정 입증 진술서 작성하기

생각(T) '난 못 해.' '나에게 힘이 없으면 그들은 날 존중하지 않을 거야.' '내가 이러는 건 그가 잘못했기 때문이야.'	1. 만트라를 활용하기 2. 인지 왜곡 확인하기 3. 사실 점검 5단계 적용하기 4. 사실 재구성하기
행동 충동(A) 지나치게 자기주장을 고집한다. 괜한 트집을 잡는다. 늦잠, 과식 등 자기 관리에 소홀한다.	1. 자기 관리 : 명상, 요가, 건강한 저녁 식사, 제시간에 취침하기 2. 반대 행동 취하기

이제 여러분만의 연습 계획을 세울 시간입니다. 상단에 목표와 현재 상황을, 왼쪽에 자동 운행 모드일 때의 ETA 패턴을, 오른쪽에 12장에 제시된 연습 방법 가운데 도움이 될 만한 것을 골라 적습니다. 그리고 계획표는 자주 살펴볼 수 있도록 가능한 가까이에 두기를 바랍니다.

심리학 책을 아무리 읽어도 결국 변하는 것은 하나도 없다는 사람들을 종종 만납니다. 그러나 그것은 책의 잘못은 아닙니다. 단번의 각성으로 삶이 달라지면 무척 좋겠지만 그런 일은 거의 일어나지 않습니다. 삶은 습관으로 이루어지고, 습관은 지속적인 노력으로만 변화합니다.

홀로서기 심리학

하지만 다행인 점도 있습니다. 연습하는 과정에서 미처 몰랐던 즐거움을 발견하게 된다는 점입니다. 무의식적으로 흘러가는 자동운전 모드를 멈추면 매 순간 놓치고 있던 평온과 감사가 보입니다. 매 순간 열심히 살아가는 꽤 괜찮은 내 모습도 발견하게 됩니다. 그리고 알게 됩니다. 우리가 온전히 느낄 수 있는 행복은 바로 지금 이 순간, 내 안에 있다는 사실을요.

그러니 꾸준히 노력하세요. 감정에 친절하고, 생각은 가볍게. 당신의 건승을 기원합니다.

옮긴이 이지민

고려대학교 건축공학과를 졸업하고 건설회사에서 설계 및 기획을 담당하다가, 책 번역에 매력을 느껴 번역가가 되었다. 이화여자대학교 통번역 대학원 번역학과를 졸업했으며, 현재는 뉴욕에서 두 아이를 키우며 번역을 하고 있다. 《호기심의 탄생》《철학가게》《숫자 감각》《철도, 역사를 바꾸다》《북유럽 모던 인테리어》《공유 경제의 시대》《긱 이코노미》《망각에 관한 일반론》《마이 시스터즈 키퍼》등 마흔 권 가량의 책을 우리말로 옮겼으며 저서로는 《그래도 번역가로 살겠다면(전자책)》《어른이 되어 다시 시작하는 나의 사적인 영어 공부(전자책)》가 있다.

홀로서기 심리학

초판 1쇄 발행 2020년 11월 9일
7만 부 기념 스페셜 에디션 6쇄 발행 2024년 11월 1일

지 은 이 | 라라 E. 필딩
옮 긴 이 | 이지민
발 행 인 | 강수진
편   집 | 유소연 조예은
마 케 팅 | 이진희
홍   보 | 이여경
디 자 인 | 어나더페이퍼
표지 일러스트 | 오요우
본문 일러스트 | 최연주

주   소 | (04075) 서울시 마포구 독막로 92 공감빌딩 6층
전   화 | 마케팅 02-332-4804 편집 02-332-4809
팩   스 | 02-332-4807
이 메 일 | mavenbook@naver.com
홈페이지 | www.mavenbook.co.kr
발 행 처 | 메이븐
출판등록 | 2017년 2월 1일 제2017-000064

Korean translation copyright ⓒ 2020 Maven
ISBN 979-11-90538-20-6 (03180)